Die 11 Geheimnisse des ALDI-Erfolgs

Konsumzurückhaltung und *Teuro-Diskussion* stellen den Handel vor neue Probleme. Der Lebensmittel-Discounter ALDI fährt jedoch unbeeindruckt seinen Erfolgskurs weiter: Der Umsatz wächst enorm, die Gewinne erreichen Rekordhöhe. Wo liegen die Geheimnisse dieses Erfolgs? Ex-ALDI-Geschäftsführer Dieter Brandes verdichtet seine Erkenntnisse über die ALDI-Erfolgsstory zu den 11 Erfolgsgeheimnissen. Eine zentrale Stellung nimmt dabei die goldene Regel des ALDI-Erfolgs ein, das Geheimnis von der Einfachheit.

Dieter Brandes, Diplom-Kaufmann, hat den Erfolgskurs von ALDI als langjähriger Geschäftsführer und Mitglied des Verwaltungsrates wesentlich mitbestimmt. Heute ist er Berater für Strategie und Organisation. Sein letztes Buch *Einfach Managen. Klarheit und Verzicht – der Weg zum Wesentlichen* wurde ein Bestseller.
Der Autor ist zu erreichen unter www.konsequent-einfach.com.

Dieter Brandes

Die 11 Geheimnisse des ALDI-Erfolgs

Campus Verlag
Frankfurt/New York

Bibliografische Information der Deutschen Bibliothek

Die Deutsche Bibliothek verzeichnet diese Publikation in der
Deutschen Nationalbibliografie. Detaillierte bibliografische Daten sind
im Internet über http://dnb.ddb.de abrufbar.
ISBN 3-593-37294-0

2. Auflage 2003

Umschlaggestaltung: Init, Bielefeld
Satz: TypoForum GmbH, Seelbach
Druck und Bindung: Druckhaus Beltz, Hemsbach
Gedruckt auf säurefreiem und chlorfrei gebleichtem Papier.
Printed in Germany

Inhalt

Einführung

»Verbringe nicht die Zeit mit der Suche nach einem Hindernis, vielleicht ist keines da.«

Franz Kafka

Die reichsten Europäer kommen aus einem Bergarbeiterviertel

Karl und Theo Albrecht sind die reichsten Europäer, die reichsten Nicht-Amerikaner. Das *Forbes*-Magazin schätzte die Familie Albrecht in 2002 auf ein Vermögen von 27 Milliarden Dollar. Die Albrechts stammen aus einem ärmlichen Bergarbeiterviertel in Essen-Schonnebeck. Dort betrieben sie nach der Rückkehr aus der Kriegsgefangenschaft 1946 auf 100 Quadratmetern ihren ersten Laden. Heute führen die beiden inzwischen über 80-jährigen Brüder eines der angesehensten und erfolgreichsten Filialunternehmen der Welt.

Das größte Einzelhandelsunternehmen in der Welt ist die Firma Wal-Mart. Mit einem jährlichen Umsatz von 200 Milliarden Euro ist Wal-Mart etwa sechs mal so groß wie ALDI, das einen jährlichen Umsatz von 33 Milliarden Euro macht. Aber ALDI ist das größte und mächtigste Unternehmen der Welt auf den Beschaffungsmärkten. Der durchschnittliche ALDI-Einkaufswert beträgt pro Artikel jährlich mehr als 30 Millionen Euro, der von Wal-Mart dagegen lediglich 1,5 Millionen Euro, also 1/20.

Der Unternehmenswert von ALDI kann sogar mit 40 Milliarden Euro und damit etwa mit 50 Prozent über der Forbes-Schätzung angenommen werden. Das ist etwa der Börsenwert von Daimler-

Chrysler und 4 mal soviel wie der Wert der Metro. Das haben die Albrechts in 50 Jahren mit einem konsequenten kaufmännischen Konzept geschaffen.

ALDI in Australien – und bald in China?

Im Jahr 2001 hat sich ALDI Süd auf eine ferne Expedition nach Australien begeben. Zuvor hatte man schon Läden in Österreich, in den USA, in England und Irland eröffnet. ALDI Nord expandierte in der Nachbarschaft, es verbreitete sich nach Holland, Belgien, Dänemark, Frankreich und Spanien.

Bruder Karl hat es sich für die australische Expansion von ALDI Süd trotz der Ferne auf eine eigene Weise einfacher gemacht und ist damit wieder dem Prinzip des einfachen Managements gefolgt. In seiner Gruppe gibt es neben Deutsch nur eine Fremdsprache, nämlich Englisch.

Immer wieder zeigte es sich, dass das ALDI-Konzept in anderen Ländern und sogar in anderen Branchen funktioniert. Vorausgesetzt, man hat die Prinzipien begriffen und ist fähig, sie in die Tat umzusetzen. Und nun gibt es das Gerücht, dass sich ALDI-Manager schon in China umgeschaut hätten.

Die Stradivari ALDI

Das ALDI-Konzept ist wie eine Stradivari. Es gibt kein besseres Instrument. Nicht alle konnten solche Instrumente bauen, und nur wenige hatten die Fähigkeiten, aus einem solchen hochwertigen Instrument die schönsten Töne zu zaubern. Die Brüder Albrecht bauten das seltene Instrument, und sie waren die meisterhaften Solisten, die schönste Töne und damit höchste Gewinne produzieren konnten. Ihr hoch entwickeltes System der Dezentralisierung und Zellteilung erlaubt es, diese Fähigkeiten weiterzugeben an Tausende von Mitarbeitern. ALDI rekrutiert Führungskräfte ausschließlich aus den eigenen Reihen, damit sie auf der »Ochsentour« lernen können, wie man mit dem Instrument am besten umgeht. Viele von ihnen sind inzwischen zu guten Solisten geworden, die das Instrument meisterhaft spielen können. Und das ist die Bedingung für den Erfolg des ALDI-Systems in der Zukunft. Dafür gibt es keine Garantien. Ohne hervorragende Solisten kann auch die Stradivari nicht zur Höchstleistung geführt werden.

Die Geheimnisse von ALDI: Die Kunst des Normalen

Antoine de Saint-Exupérys kleiner Prinz sagt:

»Das Wesentliche ist für das Auge nicht erkennbar.«

Alle können sich im ALDI-Laden vieles ansehen: die Produkte, die Preise, die Kassen und wie die Kassiererinnen arbeiten. Aber niemand kann sehen, wie hinter den Kulissen im Einkauf oder in der Verwaltung gearbeitet wird. Keiner kann sehen, welche Prinzipien und welche Kulturen das Unternehmen und seine Mitarbeiter leiten. Das sind für Außenstehende Geheimnisse. Dieses Buch soll Licht in die geheimnisvolle Welt bringen.

Nach der Lüftung der Geheimnisse wird der Leser sehen, dass er in seiner Welt vieles davon übernehmen und entsprechend gestalten kann. Er wird sehen, dass es Übung braucht, um solche Künste zu beherrschen. Nach Lüftung der Geheimnisse zeigt sich, dass es sich eigentlich immer wieder »nur« um eine hohe Kunst handelt, die ALDI beherrscht:

Das Selbstverständliche, das Vernünftige einfach in die Tat umzusetzen.

Das allerdings braucht manch tugendhaftes Verhalten, das in unserer Gesellschaft oft in Vergessenheit gerät. Wir lassen uns beeindrucken von Gurus der Managementlehre und von Modewellen. Viele erscheinen resistent gegenüber dem gesunden Menschenverstand. Nur tiefgründiges Verständnis vom Wesentlichen schützt uns vor der Blendwirkung unserer Umwelt.

Portrait eines anderen Unternehmens

Die folgende Äußerung ist die einzige bekannte öffentliche Beschreibung des ALDI-Systems aus dem Munde der Albrecht-Brüder[1]:

»Wenn ich heute einen Rückblick auf unseren Betrieb mache, so stelle ich fest, daß wir zum Anfang unserer Entwicklung im Jahre 1948 und im Jahre 1949 zwangsläufig nur ein kleines Warensortiment führten. Wir hatten vor, weitere Filialen aufzumachen, und mußten uns aus geldlichen Mitteln heraus sehr sparsam verhalten. Wir glaubten, späterhin unser Verkaufsprogramm zu erweitern. Wir wollten unsere Filialen dann wie ein normales Einzelhandelsgeschäft mit einem breiten Lebensmittelsortiment eindecken.

Das taten wir dann allerdings nicht, denn wir erkannten, daß wir auch mit unserem kleinen Warensortiment ein gutes Geschäft machen konnten und daß unsere Unkosten verglichen mit den anderen Betrieben sehr niedrig blieben und zum größten Teil auf unser kleines Warensortiment zurückzuführen waren.

(...) Seit 1950 verfolgen wir neben dem Grundsatz des kleinen Warenangebotes den des niedrigen Preises. Auch dazu waren wir wiederum gezwungen. Wollten wir dem Kunden keine Auswahl bieten, so mußten wir ihm zumindest einen anderen Vorteil einräumen. Wir verkauften von der Zeit an unsere Ware entschieden billiger.

(...) Die Umsatzsteigerung hat ihren Grund fast ausschließlich in meinen oben genannten Grundsätzen, denn werbungsmäßig sind wir sehr sparsam. Der Prozentsatz für Werbungskosten beträgt noch nicht einmal 0,1 Prozent. Unsere ganze Werbung liegt im billigen Preis, und sie ist so wirksam, daß der Kunde es auf sich nimmt, Schlange zu stehen.

Zu unserem Warensortiment möchte ich weiter ausführen, daß es ca. 250 bis 280 Artikel umfasst. Wir halten es bewußt klein und unter ständiger Kontrolle. Wir sind dabei bemüht, keine Parallelartikel nebeneinander zu führen.

(...) Bei der Auswahl der zum Verkauf bestimmten Artikel sind wir so weit gegangen, daß wir eine Reihe von Waren überhaupt nicht verkaufen. Der Grund für diese Ausschließung:

1. die Umsatzgeschwindigkeit,
2. die Verkaufsgeschwindigkeit.

So führen wir z.B. wegen der Verkaufsgeschwindigkeit keine losen Konfitüren, kein Obst und Gemüse, keine Salzheringe und wegen der Umsatzgeschwindigkeit keine Obst- und Gemüsekonserven, ebenso keine Feinkostartikel wie Mayonnaisen, Rollmops, Heringssalat usw. Das Verkaufsprogramm umfaßt lediglich schnell umschlagsfähige Konsumartikel. Bei Hülsenfrüchten haben wir aber auch jeweils nur eine Sorte im Angebot, also nur eine Sorte Bohnen und eine Sorte Linsen und auch nur eine Sorte Reis.

Verpackte Hülsenfrüchte führen wir auch nicht, da die Verpackungskosten uns die Ware zu sehr verteuern und nicht mehr mit diesen vollen Preisen in den Rahmen unserer niedrigen Preise passen. Wir haben festgestellt, daß, wenn wir Ware vorweg verpacken, dies oftmals wesentlich teuerer ist, als unsere gesamten Personalkosten ausmachen. Wir packen also nichts vor. Es muß alles während des Verkaufs abgewogen werden. Als weitere Beispiele unseres Sortimentes führe ich an:

1 Sorte Zucker,
4 verschiedene Konfitüren in Gläsern,
5 Sorten Nudeln, die wir alle immer zum gleichen Preis verkaufen,
5 verschiedene Stück Feinseife,
5 Stück Kernseife.

Von Schuhputz führen wir nur Erdal, von Zahnpasta nur Blendax und von Bohnerwachs in Dosen nur Sigella, immer nur den Artikel, der von den Markenartikeln am besten geht. Auch bei den scharf kalkulierten Artikeln wie Öl, Schmalz, Plattenfett verkaufen wir nur eine Sorte. Auf weitere Sorten zur Hebung unserer Kalkulation verzichten wir.

Auch das Verkaufsmoment beim Anbieten eines Artikels, von dem wir nur eine Sorte anbieten können, ist für unsere Verkäuferinnen wesentlich einfacher und viel kürzer, und der Kunde kann viel schneller einen Entschluß fassen: entweder zu kaufen oder nicht zu kaufen.

(...) Beim Absinken der Einkaufspreise setzen wir unsere Verkaufspreise sofort niedriger, auch wenn wir noch nicht gekauft haben. Wir vertreten dabei den Standpunkt: Angriff ist besser als Verteidigung.

Man ist nur allzu leicht geneigt, einen Preis, auch wenn er im Einkauf gefallen ist, weiter laufen zu lassen. Das würde sich allerdings unangenehm rächen, denn das, was man erreichen muß, ist, daß der Kunde den Glauben gewinnt, nirgendwo billiger einkaufen zu können. Hat man das erst einmal erreicht – und ich glaube, daß das bei uns der Fall ist –, so nimmt der Kunde alles in Kauf. Er richtet sich sogar nach den besten Einkaufszeiten.

(...) Abschließend möchte ich sagen, daß unser Betrieb fast ausschließlich dirigiert wird von niedrigen Verkaufspreisen. Alle anderen Maßnahmen zur Belebung des Geschäfts werden nicht angewandt und stehen schon lange nicht mehr zur Debatte. Wenn uns bei der Kalkulation etwas beschäftigt, dann nur, wie billig wir eine Ware verkaufen können und nicht, welchen höchsten Verkaufspreis wir erzielen können.«

An diesen grundlegenden Feststellungen von Karl Albrecht aus dem Jahr 1953 hat sich bis heute fast nichts geändert. Im Grunde entstand ein ganzes System nach dem Prinzip einer Entdeckung in den Naturwissenschaften: durch Zufall.

Wenig ist besser als zuviel

Aus Not und notwendiger Sparsamkeit wurde Verschwendung vermieden. Es galt das Prinzip: Wenig ist besser als zuviel. Und man meinte damit Kapital, Personal und Räumlichkeiten. Resultat dieses »Notprogramms« war schließlich das ALDI-Konzept. Der Mangel an den genannten Ressourcen setzte Fantasie frei und schuf, ohne zu übertreiben, die Idee des letzten Jahrhunderts im Einzelhandel.

In der *Lebensmittel-Zeitung*, dem Fachblatt der Branche, erschien am 11. 4. 1980 ein Leserbrief des ehemaligen Vorstandsvorsitzenden der AVA/Marktkauf, Karl H. Kuhlmann. Er sagte über ALDI: »ALDI ist der erfolgreichste Lebensmittel-Einzelhändler aller Zeiten.« Der ehemalige Oetker-Direktor, Dieter Baader, formulierte es im Marketing-Club Köln/Bonn einmal so: »ALDI ist der größte handelspolitische Markenerfolg in der westlichen Welt.«

... vorantasten wie Albert Einstein

Eine bestimmte Unternehmensphilosophie oder strategische Marketinguntersuchung lag dem ALDI-Konzept nicht zugrunde. Eher handelte es sich um eine Anpassung an die Bedingungen von Wettbewerb und Märkten. Die Erkenntnisse, die man daraus ableitete, wurden konsequent umgesetzt. Das ursprüngliche Konzept wurde im Laufe der Jahrzehnte nie grundsätzlich verändert, es erfolgten immer nur schrittweise Anpassungen an verschiedenste innere und äußere Entwicklungen. Daher kann man auch nicht – wie hin und wieder in der Fachpresse geschehen – von *alten* und *neuen* Strategien bei ALDI sprechen.

Die ALDI-Strategie war das Ergebnis eines dynamischen Prozesses, geleitet von Intuition, unbewusstem wie bewusstem Handeln und einer wachsenden Reflexion darüber. Aus einem Krämerladen mit einem »einfachen Konzept der Not« wurde der erfolgreichste

Einzelhändler der Welt. Wie so oft in der Wirtschaftsgeschichte stand am Anfang nicht der geniale, wissenschaftlich begründete Entwurf, sondern eine gute unternehmerische Idee, die sich im Laufe der Jahre zu einem stabilen Erfolgskonzept entwickelte. Das ALDI-System war nicht eine plötzliche Erfindung, sondern Karl und Theo Albrecht haben sich mit ihren ersten »Mini-Läden in drittklassigen Lagen« an ihr Verkaufssystem im wahrsten Sinne des Wortes herangetastet[2]. So wie auch Albert Einstein seine Arbeitsweise beschrieb: »Ich taste mich voran.«

Von ALDI lernen

Entscheidend aber für den Erfolg von ALDI und für viele andere Unternehmen auch aus anderen Branchen sind die dargestellten grundsätzlichen Einsichten und Methoden – eben die Erfolgsgeheimnisse. Sie sind noch immer modern und gewinnen an Gewicht in einer Zeit, in der sich viele Unternehmen und teilweise ganze Branchen neu orientieren müssen, um dem weltweiten Wettbewerb standhalten zu können. Mit den Einsichten und Methoden von ALDI kann manches andere Unternehmen einen Spitzenplatz in seiner Branche einnehmen.

Hätten die Mitbewerber den Ausführungen Karl Albrechts damals mehr Aufmerksamkeit geschenkt, sähe die Handelslandschaft heute möglicherweise ganz anders aus. Aber wie 1953 glaubte auch 30 Jahre später noch kaum jemand an den Erfolg dieses Konzepts. 1983 stellte die *Lebensmittel-Zeitung* fest[3]:

> »Kaum ein Marketingkonzept ist so gründlich analysiert worden, kaum eines liegt so nachvollziehbar offen – und dennoch hat beinahe eine ganze Branche dem Aufstieg eines Unternehmens und dem damit verbundenen Wachstum dieses Vertriebssegments tatenlos und phantasielos zugesehen.«

Aber da war eben viel mehr als ein »Marketingkonzept«. Jene Nachahmer, die versucht haben, das ALDI-Konzept zu kopieren, hatten offensichtlich das von Marie von Ebner-Eschenbach beschriebene Problem: »Die meisten Nachahmer lockt das Unnachahmliche.« Und wenn jemand kopierte, dann wollte er es noch besser machen. Dabei musste er erkennen: Das Know-how von ALDI ist so einfach, dass niemand es glauben mag. Darum ist das Nachahmen so schwer.

Verzicht auf Publizität

Von ALDI ist wenig bekannt. Aufgrund der klugen Firmenkonstruktion unterlag ALDI bisher nicht der Publizitätspflicht. Das hat sich erst mit den EU-Verordnungen zur Publizität ab dem Jahr 2001 geändert. Ab diesem Jahr werden Bilanzen und Erfolgsrechnungen der einzelnen ALDI-Gesellschaften veröffentlicht. In Bezug auf Geheimhaltung gibt es bei ALDI große Ähnlichkeiten mit C&A, Ikea und früher auch mit der Metro-Gruppe. Diese Unternehmen, insbesondere die Metro, zeichnen sich wie ALDI durch ein hervorragendes Konzept, durch eine sehr eigene Unternehmenskultur, aber auch durch einen ähnlich großen Erfolg über viele Jahre hinweg aus.

In einer Vielzahl von Presseartikeln wurde das Phänomen ALDI diskutiert, in Imagestudien und in streng vertraulichen Abhandlungen versuchten Konkurrenten, Marktforschungsinstitute und Markenartikelhersteller mehr über ALDI zu erfahren. So wurde also immer nur spekuliert. Für ALDI war es nützlich, über solche Studien, die man über Lieferanten zugespielt bekam oder die in der Fachpresse diskutiert wurden, einiges über den eigenen Absatzmarkt, seine Kunden oder über die Einschätzungen von Lieferanten und Mitbewerbern zu erfahren, ohne dass man hierfür Geld ausgeben musste. ALDI selbst hat für Marktforschung nie Geld ausgegeben. Bei ALDI wird mehr darüber nachgedacht, was die Kundenwünsche sein könnten, und man handelt einfach, indem unmittelbar etwas ausprobiert wird.

Dieser Verzicht auf Publizität geschieht bewusst und ist Teil der Unternehmenspolitik. Die Konkurrenz erhält dadurch wenig Informationen. Neuerdings kann allerdings jedermann die Ladenzahl von ALDI ermitteln. Die Adressen aller Läden können unter www.ALDI.de aus dem Internet geholt werden. Wenn Unternehmen etwas veröffentlichen über ihre organisatorischen Lösungen oder stolz über ihre Umsatzsteigerungen oder ihre besonders hohe Personalproduktivität und entsprechend niedrigen Kosten berichten, so kann das nur der Konkurrenz helfen. Diese kann die Informationen nutzen, um ihre eigenen Leistungen zu verbessern. Das kann für ein Unternehmen wie ALDI nicht vorteilhaft sein, und für ALDIs Kunden, die die Fachpresse nicht lesen, bringt es auch keine Vorteile. Die Kunden wollen gute Qualität zu niedrigen Preisen.

Die Kritik an der »fehlenden öffentlichen Kontrolle«, die zuweilen erhoben wird, überschätzt die Einflussmöglichkeiten: Die Veröffentlichung von Unternehmensentwicklungen, etwa durch Berichterstattung in den Zeitungen, hat noch nie verhindert, dass große Publikumsgesellschaften zusammenbrachen. Erinnern wir uns an die coop AG, an den Bremer Vulkan, an die Metallgesellschaft oder an die Unternehmen der New Economy.

Blick in die ALDI-Geschichte

1913 eröffneten die Eltern von Karl und Theo Albrecht ein kleines Lebensmittelgeschäft auf 35 Quadratmetern in Essen. Ab 1946 betrieben die Brüder Albrecht nach ihrer Rückkehr aus der Kriegsgefangenschaft ein 100 Quadratmeter großes Geschäft in Essen-Schonnebeck. 1950 war daraus schon eine kleine Kette von 13 Läden entstanden, damals natürlich noch mit Bedienung. Karl Albrecht datiert den Beginn der eigentlichen Geschäftstätigkeit auf das Jahr 1948. Das ALDI-typische Discountprinzip bildete jedoch erst ab 1950 die Basis des Geschäftes, als man neben dem kleinen

Warenangebot den Grundsatz des niedrigen Preises zu verfolgen begann. Der erste »echte« ALDI nach heutigen Maßstäben wurde 1962 in Dortmund eröffnet.

Im Jahre 1961 trennten die Brüder ihr kleines Imperium in einen Nord- und einen Südbereich. Theo übernahm ALDI Nord, Karl ALDI Süd. Man zog die »Einzelführung« der »Kollegialführung« vor: ein Prinzip der Dezentralisierung, das die Albrecht-Gruppe entscheidend geprägt und gefördert hat. Wesentlicher Grund für die Trennung war der dadurch mögliche Verzicht auf permanente Einigung in allen wesentlichen oder auch unwesentlichen Fragen. Jedoch wurden alle Informationen, Leistungs- und Kostenzahlen ausgetauscht, auch die Konditionen verschiedener Lieferanten wurden miteinander verglichen, und teilweise führte man auch gemeinsame Einkaufsverhandlungen. Nur über den tatsächlichen Jahresgewinn der jeweiligen Gruppe wurde unter den Brüdern nicht gesprochen.

Jahr	*Umsatz Mio. EUR*	*Ladenzahl*	*Mtl. Ø-Umsatz in EUR*
1955	15	100	12782
1975	3100	1000	258000
1985	8700	2000	363000
1995	14200	3000	394000
1998	17900	3250	459000
2002	22500	3700	507000

Quelle: Auswertung der Fachpresse und Einschätzung des Verfassers

Abbildung 1: Entwicklung des ALDI-Umsatzes in Deutschland und der Ladenzahl von 1955–2002 (Auslandsumsatz: 10 Mrd. Euro in 2700 Läden)

Klare Strukturen

Die Gesellschaftsstruktur von ALDI ist keineswegs, wie vielfach behauptet wurde, undurchsichtig. Im Gegenteil: Sie ist sehr klar und im Grunde auch sehr einfach.

Die »Klammer« sowie Führungs- und Kontrollgröße der Unternehmensgruppe ist der Verwaltungsrat, der sich zusammensetzt aus formal völlig unabhängigen freiberuflich tätigen Managern, die zuvor erfolgreich als Geschäftsführer einer ALDI-Gesellschaft tätig waren. Die Mitglieder des Verwaltungsrates sind keine Vorstandsmitglieder oder Angestellte einer übergeordneten Gesellschaft oder Holding. Der Verwaltungsrat fungiert als Aufsichtsrat bei jeder der operativen Gesellschaften im In- und Ausland. Charakteristisch für die ALDI-Gesellschaftsstruktur ist, dass es keine Holding oder Dachgesellschaft gibt, die andere Gesellschaften beherrscht, und somit ein Konzern konstruiert werden könnte, mit allen entsprechenden Konsequenzen wie Mitbestimmung und Veröffentlichungspflichten. Da es sich bei ALDI nicht um einen Konzern im klassischen Sinne handelt, gibt es folglich auch keinen Konzernbetriebsrat; eine Tatsache, die von den Gewerkschaften immer beklagt wurde. Entscheidend für diese Konstruktion ist jedoch die konsequente Dezentralisation.

Die Gesellschaftsstruktur von ALDI (Nord)

ALDI hat eine übersichtliche Gesellschaftskonstruktion, die nur durch die vielen Einzelgesellschaften kompliziert erscheint (ALDI Nord 36, ALDI Süd 30).

Zu dieser Grundkonstruktion gehört darüber hinaus eine kleine Zahl wichtiger Gesellschaften, die zur Unternehmensgruppe gehören: Kaffeeröstereien in Herten/Westfalen und Weyhe bei Bremen, die Albrecht Immobilienverwaltung GbR, die A+G Grundstücksvermietungs und -verwaltungs GmbH sowie die Alva Versicherungsvermittlung GmbH & Co KG.

Die Errichtung der Kaffeeröstereien und die Produktion des Albrecht-Kaffees war eine frühe Idee, die sich als sehr lohnend und imageprägend erwies. Mit der Kaffeemarke konnte ALDI immer deutlich sein hohes Qualitätsniveau und seine niedrigen Preise demonstrieren. Kaffee blieb auch das einzige Produkt, das selbst hergestellt wurde.

Die Grundstücksgesellschaften dienten der Abwicklung von Grunderwerb und der Verwaltung eigenen Grundbesitzes, über die Versicherungsgesellschaft konnten die üblichen Maklerprovisionen für Versicherungsvermittlungen kassiert werden.

Die Konstruktion der Familienstiftung wurde gewählt, um die Interessen der Familienangehörigen zu wahren und zu fördern. Da eine Stiftung grundsätzlich nicht auflösbar ist, sollte so der Unternehmensbestand dauerhaft gesichert werden, und zwar unabhängig von Familienstreitigkeiten und Erbschaftsauseinandersetzungen. Mit einer Familienstiftung kann in der Regel die Zerlegung ganzer Unternehmen nach jahrelangen gerichtlichen Auseinandersetzungen vermieden werden. Wenn zwei Söhne Alleinerben wären, so hätten sie Anspruch auf jeweils eine Hälfte des Erbes. Doch bei einem Unternehmen handelt es sich um eine komplexe Einheit, die sich nicht einfach halbieren lässt (wie ein Bankkonto). Die Familienmitglieder – Eltern Theo und Cilly sowie die Söhne Theo Jr. und Berthold – sind nur noch mit geringen Anteilen direkt beteiligt. So bleibt der Fortbestand gesichert. Probleme, wie sie bei dem großen Hannoveraner Kekshersteller Bahlsen bekannt wurden, können so vermieden werden. Bei Bahlsen konnte erst nach langwierigen Erbauseinandersetzungen eine Lösung gefunden werden, indem ein wesentlicher Unternehmensteil in den USA abgetrennt und einem Erben übertragen wurde. Die Stiftungskonstruktion macht auch einen Verkauf der Unternehmensgruppe an Dritte nur schwer möglich.

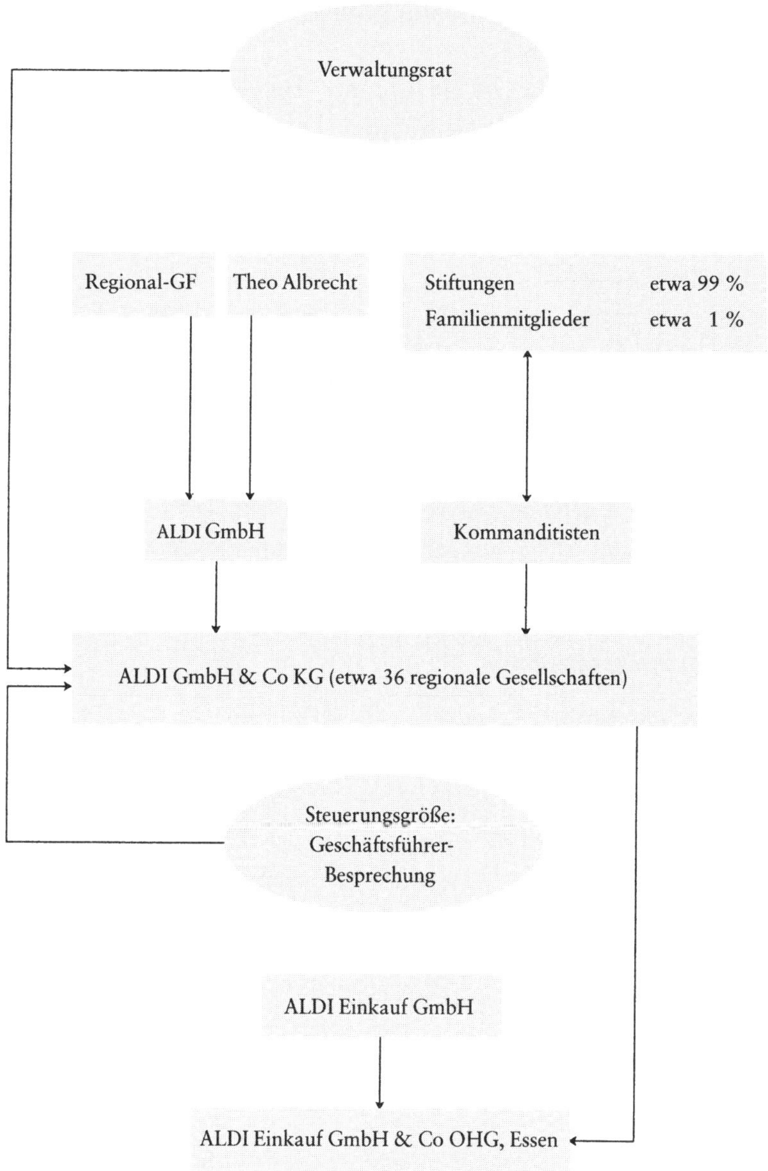

Abbildung 2: Struktur der ALDI-Gruppe

Finanzielle Entwicklung

Das größte Fragezeichen blieb immer der Gewinn, den ALDI erzielte. Sehr viele Schätzungen wurden angestellt. Mit den Jahren näherte man sich immer mehr den wirklichen Zahlen, weil zunehmend mehr Informationen aus diesem mittlerweile sehr großen Unternehmen nach außen drangen. Die Firma Lever schätzte den ALDI-Gewinn 1994 in einer internen Studie auf 4,5 Prozent vom Umsatz, mehr als dreimal so hoch wie der Gewinn der Konkurrenten im Lebensmittelhandel. Die gesamten Kosten des Unternehmens wurden auf neun Prozent geschätzt.

Aus verschiedenen Veröffentlichungen der Fachpresse und aus Daten, die aus dem Unternehmen hin und wieder doch an die Öffentlichkeit gelangen, zeigt sich etwa folgendes Gesamtbild der ALDI-Leistungszahlen, wobei eher die Größenordnungen als die einzelnen exakten Daten bemerkenswert sind.

Monatliche Leistungszahlen	
Durchschnittsumsatz pro Laden	500 000 EUR
Umsatzleistung pro Mitarbeiter	100 000 EUR
Kosten in Prozent vom Umsatz	
Personalkosten der Läden	2,8 %
Personalkosten für Verwaltung, Logistik, Management	1,8 %
Mietkosten der Läden	1,1 %
Gesamtkosten des Unternehmens	9,5 %
Rohertrag in Prozent vom Umsatz (nach Abzug der Mehrwertsteuer)	13,3 %
Gewinn in Prozent vom Umsatz	3,8 %

ALDIs eigentliche Leistungsfähigkeit wird deutlich, wenn man sich vergegenwärtigt, dass ALDI seinen Umsatz mit nur etwa 700 Artikeln tätigt, Metro oder Rewe aber sicherlich 50 000 oder mehr Artikel führen, Karstadt sogar 300 000.

Die Gewinnsätze von ALDI schwanken wesentlich weniger stark als bei anderen großen Unternehmen, vor allem aus der Industrie (wie etwa bei Volkswagen oder DaimlerChrysler, die in manchen Jahren auch einmal Milliardenverluste verkraften mussten). Über die Jahre dürfte der ALDI-Gewinn in Prozent vom Umsatz zwischen knapp drei Prozent und knapp fünf Prozent gelegen haben. Aktuell kann allein in Deutschland von einer Milliarde Euro Gewinn vor Steuern ausgegangen werden.

Der Wettbewerb, besonders durch den ALDI-ähnlichen Lidl, hat sich in den letzten Jahren verschärft. Der Anlauf in den neuen Bundesländern gestaltete sich nicht immer leicht. Das hat vor allem die Durchschnittszahlen von ALDI Nord zunächst beeinträchtigt. Nachdem aber auch dort die besondere Leistung von ALDI mehr und mehr anerkannt wird, steigen die Ergebnisse in den so genannten neuen Bundesländern beträchtlich. ALDI Nord und Süd gewinnen weitere Umsatzzuwächse durch den Austausch alter kleiner Filialen, durch neue große Objekte an den Stadträndern oder gar in Gewerbegebieten. ALDI Süd geht jetzt vermehrt in kleinere Orte oder eröffnet in mittleren Orten einen weiteren Laden. Neben dem immer mehr intensivierten Non-Food-Geschäft kann ALDI deshalb weiterhin beträchtliche Umsatzsteigerungen verzeichnen.

Trendy ALDI

ALDIs Überzeugungskraft basiert nicht zuletzt darauf, dass es vernünftig ist, Geld zu sparen. »Wer seinem Geld nicht böse ist«, so Theo Albrecht, »der kann doch ruhig bei ALDI kaufen.« Das tat auch der ehemalige Bundeskanzler Helmut Schmidt. Als er seinerzeit als Bundesfinanzminister anlässlich eines Treffens der G7-Finanzminister in sein Wochenendhaus am Schleswig-Holsteinischen Brahmsee einlud, konnte man in den Fernsehberichten die Herren an Schmidts Bar vor einer Reihe von ALDI-Eigenmarken sehen. Die kaufte Schmidt selbst im ALDI-Markt Nortorf ein. Obwohl es mittlerweile auch Champagner und Lachs preisgünstig bei ALDI gibt, meinen einige Kunden nach wie vor, betonen zu müssen, dass sie sich nicht schämen, bei ALDI einzukaufen.

Nicht nur bei den Kunden, auch in Fachkreisen schneidet ALDI gut ab. In einer Untersuchung zur Einschätzung der Krisenanfälligkeit von 66 Unternehmen (davon sieben Handelsunternehmen) aus den zehn größten Branchen Deutschlands, die das *manager magazin* im Februar 1992 publizierte, ergab sich bei einer Bewertungsskala von 0 (niedrigstes Risiko) bis 100 (höchstes Risiko) folgendes Bild:

1. Deutsche Bank	30,83
2. Metro	30,83
3. ALDI	31,50
4. Nestlé	33,50
5. Otto Versand	36,00
6. Philip Morris	36,67

Interessant dabei sind die guten Einzelnoten für ALDI:

Geschäftsrisiko	1. Platz
Marktrisiko	2. Platz
Finanzrisiko	5. Platz

Beim Finanzrisiko wird ALDI sicherlich noch unterschätzt, muss doch beachtet werden, dass die Gruppe seit vielen Jahren ein konstantes Ergebnis erwirtschaftet und wesentlicher Grundbesitz unbelastet im Eigentum der Gruppe ist. Es wird sogar behauptet, das ALDI-Unternehmen sei der größte Immobilienbesitzer Deutschlands. Sicherlich ist es wahr, dass ALDI zu den Großen gehört.

Seit Jahren wird ALDI auch bei den jährlichen Imageuntersuchungen des *manager magazin* (*manager magazin* 2/2002) hervorragend beurteilt. Im Jahr 2002 nahm ALDI in der deutschen Gesamtwirtschaft den 13. Platz ein, vor immerhin so hochkarätigen Unternehmen wie SAP, Nestlé, IBM, Bertelsmann, Otto und Allianz.

Jeder dritte Euro bleibt bei ALDI

Der wirkliche Marktanteil von ALDI – am relevanten Markt – wird mit 13 Prozent weit unterschätzt. Dieser Marktanteil dürfte sogar über 33 Prozent liegen, wenn man nur die wirklich vergleichbaren Warengruppen, die also auch bei ALDI geführt werden, einbezieht. Inzwischen gehört ALDI sogar zu den größten Textilanbietern in Deutschland, und auch bei Computern wird der Marktanteil schon mit zehn Prozent angenommen.

Unterstrichen wird ALDIs Bedeutung darüber hinaus durch die Marktanteile bei einzelnen Artikeln und Artikelgruppen. Dazu einige Beispiele:

Artikelgruppe	Marktanteil
Fruchtsäfte	51 %
Gemüsekonserven	42 %
Fleisch- und Wurstkonserven	50 %
Obst- und Gemüsekonserven	30 %

Abbildung 3: Marktanteile von ALDI bei einzelnen Produkten

Nach 1993 war ALDI auch im Jahr 2000 wiederum die bekannteste Marke in Deutschland, vor *Coca Cola* und *Nivea* (*Young & Rubican*, LZ vom 2.2.2001).

»Wo ALDI ist, da brummt der Laden«

Besonders in den frühen Jahren der starken Expansion mußte ALDI häufig bei der Ansiedlung neuer Läden, vor allem in kleineren Gemeinden, mit den Gemeindeverwaltungen kämpfen. Vielfach gab es bei der Neuplanung von Standorten Probleme mit dem ortsansässigen kleinen Handel, die wiederum von den Gemeinden aufgegriffen wurden, die für die Genehmigungsverfahren zuständig waren. Oft war der betroffene Kaufmann auch Mitglied im Gemeinderat. Man befürchtete, dass der übermächtige ALDI die Infrastruktur des örtlichen Einzelhandels zerstören und die Kleinen mit seinen Preisen kaputtmachen würde.

Aber im Laufe der Zeit änderte sich die Einstellung, weil die tatsächliche Entwicklung keineswegs den Befürchtungen entsprach: ALDI zog Kunden an den Standort, und mit seinem begrenzten Sortiment ließ er dem übrigen Handel genügend Möglichkeiten, sich zu entfalten. Die Mitbewerber mussten sich also nur klug anpassen, und es ging ihnen besser als vorher. Wie alle Anbieter mussten sie sich fragen: »Warum soll der Kunde in meinen Laden kommen?« So bevorzugen besonders Fachgeschäfte mit Fleisch sowie Obst und Gemüse ALDIs Nachbarschaft. Allerdings fast niemals umgekehrt, wie immer wieder vermutet wurde.

Diese Entwicklung fand dann auch ihren Widerhall in den Medien. So schrieb die *Goslarsche Zeitung* anlässlich einer ALDI-Eröffnung: »Mit der Niederlassung des ALDI-Marktes als Magnet in diesem Geschäftshaus sieht die Stadt das Ziel erreicht. Es ist bekannt, dass ALDI als Teilsortimenter mit etwa 650 Artikeln, gegenüber Vollsortimentern mit 3000 bis 5000 Artikeln, den vorhandenen Lebensmittel-Einzelhandel eher stärken als ihm schaden wird.« Der *Stern* zitierte einmal den Sprecher der Edeka-Zentrale Hamburg mit der Aussage: »Wo ALDI ist, da brummt der Laden.«

Wachstum des ALDI-Sortiments

Die beeindruckenden ALDI-Erfolgszahlen sind in der Fachpresse immer wieder Anlass für Spekulationen, ob sich die positive Entwicklung bei ALDI fortsetzen werde. Viele meinen, ohne Veränderungen nahe das Ende. Sowohl die kenntnisreiche Fachpresse wie auch die Wettbewerber verbinden diese Vorstellung natürlich mit der Hoffnung, dass nun bald alles wieder seine bekannte Ordnung habe, das eigene Weltbild von der traditionellen Unternehmensentwicklung geradegerückt und es den Wettbewerbern bald wieder besser gehen werde. Da ALDI auf Wachstum nicht verzichten könne, müsse er sein Sortiment ausdehnen sowie vieles andere tun, so die einhellige Meinung.

ALDI aber tat über Jahrzehnte nichts dergleichen. Die Artikelzahl wurde nie erhöht, nur die Zusammensetzung der Artikel der zeitlichen Entwicklung angepasst. Früher gab es Kaffee in ganzen Bohnen, Damenstrümpfe und Schallplatten, die heute nicht mehr gefragt sind. Dafür wurden Artikel des täglichen Bedarfs aufgenommen, die früher problematisch waren, heute jedoch einfach zu handhaben sind, wie beispielsweise Molkerei- und Tiefkühlprodukte.

Die wohl bedeutendste Erweiterung des Sortiments erfolgte in den vergangenen zehn Jahren mit der Ausdehnung von Non-Food-Aktionsartikeln und zusätzlichen Obst- und Gemüseartikeln. Diese Sortimentsänderungen konnten erst mit einer bestimmten Umsatzgröße und mit der Beherrschung aller logistischen Funktionen gestaltet werden.

Erst in den vergangenen Jahren scheint sich bei ALDI in gewissem Umfang auch Nervosität auszubreiten. Wer so erfolgsgewohnt ist, kann sich schwer mit Stagnation abfinden. Der Wettbewerbsdruck im Discountgeschäft hat zugenommen. Immer mehr Anbieter wie der Newcomer Netto drängen auf den Markt, auf dem Lidl eine immer stärkere Position einnimmt. Dies wirkt sich negativ auf die Umsatzsteigerungen aus und führte letztlich zu einer – wenn auch gemäßigten – Sortimentserweiterung von 600 auf 700 Produkte bei ALDI Nord.

Annahmen, ALDI könne seine Marktposition sowie die positive Entwicklung nicht aufrechterhalten, waren in der Vergangenheit fast immer falsch und beruhten lediglich auf Hoffnungen – die wiederum erklärbar sind: Fachzeitschriften und Fachleute wollten ja auch beim übrigen Handel gehört werden, und noch immer ist derjenige lieber gesehen, der die frohe Botschaft bringt, als derjenige, der zum Nachdenken – und vor allem zum Umdenken – zwingt.

Die ALDI-Unternehmenskultur als Schlüssel zum Erfolg

Der wesentliche Erfolgsfaktor ist die Unternehmenskultur, sind deren Normen und Werte. Die Summe kultureller Regeln funktioniert in vielen Gemeinschaften genauso gut wie Gesetze – oft sogar besser. Kulturelle Regeln steuern das Denken, die Gefühle und das Handeln der Mitglieder. Sie werden oft auf subtile Weise an neue Mitglieder der Organisation und an die nächsten Generationen weitergeben. Menschen suchen immer Orientierung und finden sie auch im Ungeschriebenen. Mit solchen Regeln erhält jedes Unternehmen seine eigene, unverwechselbare Identität. Die Unternehmenskultur prägt die Einstellungen der Mitarbeiter zu ihren Aufgaben, zum Produkt und zum Unternehmen. Es sind nur wenige Prinzipien, aber eine besondere Kultur, die das Unternehmen und seine Mitarbeiter zum Erfolg führen. Normen und Werte bestimmen die Persönlichkeit eines Unternehmens.

Solche Normen und Werte können offiziell und bekannt oder schriftlich formuliert sein. Es kann aber auch sein, dass sie im Unternehmen zwar gegenwärtig sind, aber ungeschrieben wirken. Unternehmen entwickeln eine ihnen eigentümliche Arbeitsweise, die für alle Mitarbeiter Klarheit darüber schafft, was im Unternehmen als »gut« oder »nicht gut« gilt, was »erlaubt« oder »nicht erlaubt« ist, was »belohnt« und was »bestraft« wird.

Der ehemalige AVA-Manager und Marktkauf-Chef Helmut Kohlwes wurde auf dem Deutschen Handelskongress einmal nach der Kultur in seinem Hause gefragt und antwortete erfrischend klar, ehrlich und pragmatisch: »Unternehmenskultur, ja welche haben wir denn überhaupt?« Über die Kultur von ALDI kann einiges gesagt werden, obwohl ALDI-Mitarbeiter vermutlich ähnlich reagieren würden wie Helmut Kohlwes.

Eine Unternehmenskultur lebt von Beispielen und Vorbildern, von den besonderen »Typen« des Unternehmens, wozu insbesondere die Gründer und Inhaber gehören. Theo und Karl Albrecht sind solche »Typen«, die vorbildlich für die von ihnen gewünschte Unternehmenskultur stehen. ALDI ist entscheidend von seinen Gründern geprägt, und hier liegt wohl auch die Ursache dafür, dass es tatsächlich kaum gelingen konnte, dieses Unternehmen zu kopieren.

Die kulturellen Werte und Regeln sind bei ALDI niemals formuliert und schriftlich festgehalten worden. Die einzige Ausnahme davon bildet die Zielsetzung in den Stellenbeschreibungen: »Der Vorsprung vor der Konkurrenz ist durch extreme Anwendung des Wirtschaftlichkeitsprinzips zu sichern.« Da es bei ALDI nur ungeschriebene Regeln gibt, konnte sich zunächst auch kein Widerspruch zu den oftmals in der Literatur erwähnten »heimlichen Regeln« ergeben, die in Wirklichkeit das sogenannte Überleben im Unternehmen sicherten. Dabei ist davon auszugehen, dass auch offizielle Regeln kaum im Widerspruch zu den »heimlichen« gestanden hätten. Auch ohne ein schriftlich niedergelegtes Regelwerk ist alles sehr klar. Jeder weiß, wohin er marschieren muss. Dabei lasse ich natürlich jene Reibungsverluste außer Acht, die zwischenmenschlich entstehen können. Selbstverständlich ist ALDI in dieser Hinsicht ein Unternehmen wie jedes andere, ein Unternehmen, in dem Menschen arbeiten mit ihren jeweiligen Vorzügen und ihren Führungsfehlern.

Unternehmenskultur zeigt sich am Beispiel

Zur Festigung einer bestimmten Kultur im Unternehmen ist das Vorbild und das Beispiel, das Inhaber und Führungskräfte geben, sehr wichtig. Maßgeblich ist, worauf die Unternehmensführung ihre

Aufmerksamkeit und ihre Aktivitäten lenkt. Das prägt. So ist eine sehr praktikable Methode der Bewusstmachung, sich die Fragen zu stellen: Werden diese Themen immer wieder auf die Tagesordnung von Besprechungen gesetzt? Welchen Raum nehmen sie dort ein? Wichtig ist auch, worauf Unternehmensleitungen bei Mitarbeitern, Niederlassungen oder Abteilungen ihr Augenmerk richten. Diese Form der Kontrolle ist ein außerordentlich wichtiges praktisches Führungsinstrument für jeden Vorgesetzten. Entscheidend und typisch für Kultur aber ist dabei, dass dieses Thema nicht mechanisch und unmotiviert auf die Tagesordnung gesetzt oder ein bestimmtes Kontrollprogramm danach ausgerichtet wird. Nein, entscheidend ist, dass dies geschieht, weil einfach der Drang, die Notwendigkeit, eine gewisse Leidenschaft für gute Ergebnisse es verlangen, bestimmte Themen immer wieder in den Mittelpunkt zu stellen.

Tagesordnungen und Kontrollprogramme spiegeln bei ALDI zu einem hohen Anteil die »kulturellen Anforderungen« wider. Das liegt allerdings auch daran, dass das Kostenbewusstsein als Kulturbestandteil immer ein praktisches Tagesthema ist. Vielleicht ist dies sogar typisch für Kultur: Es passiert und ist wichtig, täglich und immer.

»Es gibt letztlich keine effizientere Steuerung als eine ausgeprägte, in sich stimmige Unternehmenskultur. Wenn nämlich die allgemeine Marschrichtung stimmt, kann man den Rest vertrauensvoll der dezentralen Selbstorganisation überlassen. Aufwändige Koordinations- und Kontrollsysteme entfallen.«

So formulieren es die Managementexperten Klaus Doppler und Christoph Lauterburg in ihrem Buch *Change Management. Den Unternehmenswandel gestalten*, und so funktioniert es bei ALDI. Die Unternehmensorganisation mit ihrer dezentralen Führung basiert auf dieser Kultur. Dazu gehören Stellenbeschreibungen, die kurz und präzise formuliert sind und von den jeweiligen Mitarbeitern genau befolgt werden, sowie ein ausgeklügeltes Kontrollsystem in Form von Stichproben.

Wesentlicher Teil des Kontrollsystems ist die »Kulturkontrolle«.

Hier geht es vor allem darum festzustellen, ob Vorgesetzte sich im Sinne des Systems verhalten und ihrerseits die Werte und Regeln an ihre Mitarbeiter weitergeben. Höchste Anforderungen bei der Umsetzung dieses Systems werden an die Vorgesetzten gestellt. Glaubwürdigkeit, also Übereinstimmung von Reden und Handeln, ist eines der Geheimnisse. Und Handeln heißt Beispiel geben. Theo Albrecht ist überall berühmt dafür, dass er in einem Raum, in den er hineinkommt, das Licht ausmacht, um Strom zu sparen, wenn es dort – seiner Meinung nach – hell genug ist ohne elektrische Beleuchtung. Ein kleines, aber sozusagen einleuchtendes Beispiel, das allerdings nicht wirken würde, wenn er und andere sich nicht ebenso in anderen, ähnlichen Situationen verhielten. Seneca und Brecht haben diesen Erfolgsfaktor sehr schön und »ALDI-like« einfach ausgedrückt:

»Lang ist der Weg durch Belehrungen, kurz und wirksam durch Beispiele.«

Seneca

»Mit Beispielen schafft man es immer.«

Bertolt Brecht

Die wesentlichen kulturellen Regeln werden im Allgemeinen von allen Mitarbeitern und insbesondere von den Vorgesetzten eingehalten. Das Reglement hat sich bereits so fest etabliert, dass die berühmten Ausnahmen von der Regel schnell erkannt werden.

Helmut Maucher, der langjährige Lenker des Nestlé-Konzerns, erwähnte den Namen ALDI als Beispiel dafür, dass zwischen Unternehmenskultur und dem Image des Unternehmens in der Öffentlichkeit ein enger Zusammenhang bestehe. Irgendwie wisse man, was Siemens, Otto-Versand oder ALDI darstellten, man habe eine Vorstellung von den Leuten und ihrem Verhalten.

Den entscheidenden Satz zum Thema Unternehmenskultur prägte einer der erfolgreichsten deutschen Unternehmer, Reinhold Würth:

»Der Wettbewerb der Zukunft wird stattfinden auf dem Marktplatz der Unternehmenskulturen.«

Geheimnis 1: Werden Sie fähig zur Einfachheit! (Die goldene Regel des ALDI-Erfolgs!)

ALDIs Erfolgsstory ist eine Lehre von der Einfachheit. Alles wird in diesem Unternehmen davon bestimmt. Das eigentliche ALDI-Prinzip lautet: Einfachheit – die goldene Regel des ALDI-Erfolgs: Werden Sie fähig zur Einfachheit!

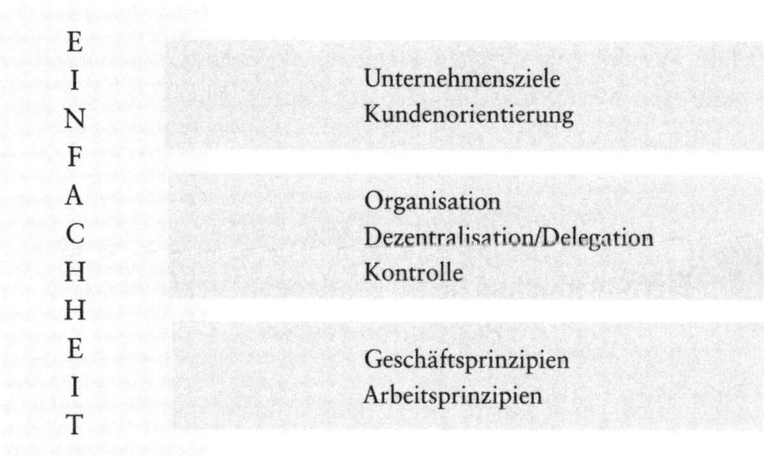

Abbildung 4: Der Kern des ALDI-Erfolgs: Die goldene Regel über die Einfachheit

ALDI beherrscht die Kunst, das Selbstverständliche, Normale, Vernünftige in die Praxis umzusetzen. Es gibt einfach eine Fähigkeit, eine »Kultur der Einfachheit«. Nicht das versteckte große Geheimnis hat ALDI zum Erfolg geführt, sondern diese Kunst, die Fähigkeit zum Einfachen. Auch Ikea, das erfolgreichste Möbelhaus der Welt, liefert ein Beispiel dafür, dass Einfachheit eine entscheidende Basis für Erfolg sein kann. Der Gründer Ingvar Kamprad bezeichnet die Einfachheit als eine Tugend. »Komplexe Regeln lähmen, übertriebene Planung ist die gängigste Todesursache von Unternehmen.«

Was ist Komplexität?

Ein System ist um so komplexer,

- je mehr Elemente es aufweist,
- je größer die Zahl der Beziehungen zwischen diesen Elementen ist und
- je verschiedenartiger die Beziehungen sind.

Schon Systeme mit wenigen Elementen können zu einer unüberschaubaren Menge an Möglichkeiten führen. Eine Prognose über die Entwicklung eines komplexen Systems wird unmöglich.

Einfach machen heißt: weglassen, verzichten, Prioritäten setzen

Unternehmen und andere Großorganisationen sind Systeme von ungeheurer Komplexität. Diese kann nur beherrscht, kontrolliert, gesteuert werden, wenn sie verringert wird. Die Menge der Komponenten oder ihrer Verbindungen muss reduziert werden.

Die Japaner sind zum Beispiel dazu übergegangen, ihre Autos sehr umfassend mit Extras bereits standardmäßig auszurüsten. Damit vermeiden sie die Komplexität durch variable Ausstattungen mit letztlich Tausenden von Möglichkeiten. Trotz besserer Ausstattung, aber aufgrund der geringeren Komplexität erreichen sie geringere Produktionskosten, weil sie die Möglichkeiten verringert haben. Damit haben sie vereinfacht.

Einfach machen bedeutet: Man muss so lange streichen, bis man nichts mehr weglassen kann, ohne das Wesen zu verändern.

Forscher, Managementberater und kluge Unternehmensführer bestätigen immer wieder, dass Einfachheit zum Schlüssel für Höchstleistungen wird. »Menschen mit einfach und klar strukturiertem Denken und Wissen werden den Informationssüchtigen langfristig klar überlegen sein.« (So lautet das Statement von Hugh Heclo, George Mason University, Virginia). Erfolgreiche Manager wie Ingvar Kamprad, der IKEA-Gründer, haben diesen Wettbewerbsfaktor schon lange erkannt: »Einfachheit ist eine Tugend. Einfachheit gibt Stärke.«

Überall Komplexität und wenig Einfachheit

Wir reisen in alle Welt. Wir können 80 Fernsehprogramme empfangen. Die Unternehmen arbeiten mit TQM (Total Quality Management) und ISO 9000 sowie mit CRM (Customer Relationship Management) oder gar mit CPFR (Collaborative Planning, Forecasting and Replenishment). Wir erleben Megafusionen. Viele Chefs unterhalten sich mit ihren Mitarbeitern nur noch über E-Mails. Es gibt viel Angst vor Fehlern. Mangel an Mut und fehlende Risikobereitschaft komplizieren die Dinge zusätzlich.

In diesem Unternehmen ist vieles komplex:

Mitarbeiter kämpfen gegen Komplexität

Die Manager eines bedeutenden internationalen Unternehmens beklagen sich über die zunehmende Komplexität im Unternehmen. Sie sind am erfolgreichen Arbeiten gehindert. Im Einzelnen nennen sie:

- Die Belastung durch administrative Vorgänge. Es werden ständig neue Prozesse hinzugefügt, statt die vorhandenen zu optimieren.
- Der Prozess der Vertragserstellung mit den Kunden ist stark zergliedert, weil es zu viele Instanzen gibt und keiner sich traut, etwas zu ändern. Aus Angst hält man sich an das Regelwerk. Es ist alles überreguliert.
- Die Verantwortung des Einzelnen nimmt ständig ab.
- Es gibt eine Informationsseuche. Es wimmelt von Koordinatoren. Man koordiniert sich zu Tode.
- Lokale Manager haben keinerlei Entscheidungskompetenz hinsichtlich ihrer Region. Entscheidungen werden in der Zentrale oder am grünen Tisch gefällt.

In diesem Unternehmen ist vieles einfach:

ALDI ist intelligenter

ALDI hat zu seinen Mitarbeitern ein gutes Vertrauensverhältnis aufgebaut. Vertrauen reduziert die Komplexität. Mitarbeiter und Manager verfügen über klar umrissene Entscheidungsbefugnisse. Lokale Manager in den regionalen Niederlassungen kennen ihr Gebiet und haben die entsprechenden Befugnisse, etwa in der Personaleinstellung oder in der Anmietung neuer Läden. ALDI wurde zum Prototypen der Einfachheit.

ALDI untersucht seine Sortimentsstruktur wie viele andere. Nur legt ALDI dafür nur eine einzige Statistik für die insgesamt rund 700 Artikel zugrunde. Die Statistik wird nur einmal im Quartal erstellt. Möglich wäre das – wenn man wollte – wöchentlich. Dann käme man auf 8400 statt 700 Positionen. Sicher ist, dass wöchentliche Erhebungen ein differenzierteres Bild abgeben würden. Bei ALDI hat man allerdings die Kunst gelernt, sich auf Wesentliches zu beschränken und auf Überflüssiges zu verzichten. Man verzichtet auch auf die Befriedigung der Neugier, wie sich aktuell einige Artikel entwickelt haben mögen. Änderungen im Sortiment werden ohnehin nicht täglich vorgenommen. Man kann sich die Entwicklung der Umsätze in Ruhe ansehen. So gewinnt man Zeit für andere Dinge. Das Ergebnis: »Weniger ist mehr. Mehr hilft wenig.«

Ursache von Komplexität ist, dass wir alles wollen. Alles soll perfekt sein. Wir haben Angst vor Fehlern. Es fehlt der Mut zu Risiken und Flops. Wir fürchten den Verlust und wollen auf nichts verzichten. Also wiederum: alles machen. Es wird eine weitere Analyse zur Absicherung unserer Gedanken und Vorhaben angestellt. Manche werden dabei zu digitalen Deppen, weil sie sich nur noch an ihren Charts, Analysen und bunten Computergrafiken festhalten. In den Unternehmen unterstützt dabei ein Wasserkopf aus Controllern und Stabsexperten. Der Staat behilft sich mit Regierungsbeauftragten, mit Gutachten und Kommissionen. Und das alles geschieht unter krank machendem Zeitdruck, denn für immer mehr steht nicht mehr Zeit zur Verfügung. Und viele arbeiten unter dem Stress einer möglichen Erfolglosigkeit.

Gelassenheit und Übersicht gehen verloren. Das hier Beklagte führt zu Komplexität und damit zu Langsamkeit und Ineffektivität. Einfachheit pflegen in Verantwortung für Kunden, für Mitarbeiter, für das Unternehmen, aber auch für die eigene Gesundheit und das eigene Wohlbefinden wäre ein sinnvoller Weg.

Es muss einfacher gehen

»Die Komplexität der Unternehmensführung wird überschätzt. Das ist keine Raketenwissenschaft.«

Jack Welch

Einigen Unternehmen ist es gelungen, einfach zu arbeiten.

Toyota: ein Unternehmen mit klaren Zielen. Toyota ist das Unternehmen, das fünf mal nach dem »Warum«, nach dem Sinn von Aktivitäten fragt. Statt sofort zu fragen: »Wer – Was – Wann – Wo –

Wie?«, wird die schwerste Frage zu Beginn gestellt, eben die nach dem »Warum«. Toyota will es lieber einfach, aber zuverlässig.

Ikea: Die Kunden wissen, warum sie dort kaufen. Die Leistung wird so formuliert: eine erprobte Produktpalette, günstige Preise, Design, Formschönheit, Funktionsgerechtigkeit. »Wir sind ein Konzeptunternehmen – die sterben niemals.« Ikea – ein nüchternes kaufmännisches Unternehmen ohne Ideologien.

ALDI: Ziele wurden nie schriftlich formuliert. Trotzdem kennt sie jeder, weil sie einfach, klar und konkret sind. Handlungsanleitungen für jeden Mitarbeiter. Jeder arbeitet an seinen Unterzielen, die er sich selber aus den einfachen Unternehmenszielen in Verbindung mit der Unternehmenskultur ableiten kann. Die Ziele sind: niedrigster Preis, beste Qualität, geringste Kosten. Das erreicht man mit einem beschränkten Sortiment des täglichen Bedarfs. Der wirkliche Kern der Einfachheit liegt in den einfachen und klar verständlichen Zielen.

Einfachheit ist schwierig!

Es ist unglaublich schwierig, einfach zu sein. Vielleicht sind solche Verhaltensmuster und Kulturen typisch für personenorientierte Unternehmen, für Familienbetriebe, die über lange Zeit vom Inhaber geprägt wurden. Das Wesen des Inhabers als Unternehmensleiter ist eben, dass er nicht mit einem befristeten Anstellungsvertrag arbeitet und nicht nach einigen Monaten oder wenigen Jahren das Unternehmen wieder verlässt, um einem Neuen das Feld zu überlassen, damit dieser sich an der Einführung neuer Kulturen versucht. Die Entwicklung von Unternehmenskulturen braucht einige Zeit. Inhaberunternehmen haben in der Regel klein begonnen und sich über viele Jahre erst zur Reife entwickelt. An Inhabern ausgerichtete Kulturen können nicht ohne weiteres kopiert werden.

Interessant in diesem Zusammenhang sind Äußerungen der Scania-Organisation zu ihren anhaltend großen Erfolgen gegenüber ihren Wettbewerbern auf den Lkw-Weltmärkten: »Es gibt wenig, was Scania viel besser macht als die Wettbewerber. Bis auf eins: Konsequent verfolgen die Schweden das Prinzip der Einfachheit. Einfache Konstruktionen, einfache Produktionsprozesse, einfache Produktpaletten und einfache Managementstrukturen.« – Man könnte meinen, es würde von ALDI gesprochen. Viele Anwender von Computer-Software dürften ebenfalls fehlende Einfachheit der Systeme beklagen. Vielleicht sollten Microsoft und andere einmal darüber nachdenken, ob ein »Discount-Windows«, das von viel Ballast befreit wäre, nicht vielen das Leben leichter machen könnte.

Auch Procter & Gamble hat Gefallen an den einfachen Wegen gefunden. »Make It Simple« zitiert die *Business Week* das Unternehmensprinzip des Konzerns, die »Strategy of Simplification«. Nicht neu ist die Erkenntnis von P&G, dass

- in großen Supermärkten oft von einem Viertel aller Artikel nicht mehr als
- ein Stück pro Monat verkauft wird.

Die riesigen Sortimente von bis zu 20 000 Artikeln und mehr bestimmen ein ganzes Unternehmen bis in die letzten Funktionen hinein. Kleine Supermärkte, auch kleine Edeka-Märkte, führen zum Teil mehr als 30 Sorten Röstkaffee oder gar 40 Sorten Würstchen in Dosen und Gläsern. In Malaysia gibt es Supermärkte mit 120 Sorten Milchpulver: die gleiche Ware von verschiedenen Herstellern, eine ganze Reihe von Marken, verschiedene Größen, verschiedene Verpackungen, leicht unterschiedliche Geschmackszusätze. Ein kleiner Laden verkauft dasselbe Omo-Waschmittel in Packungsgrößen von 800, 1 300, 2 500, 3 000, 4 500 und 8 000 Gramm und das gleiche Sortiment dann noch einmal von zwei oder drei anderen Markenanbietern.

Verbunden mit einer sehr verbreiteten Lieferanten- statt Kundenorientierung liegt hier die Ursache für jene fast unendlichen Sortimentstiefen und Artikelzahlen, die die Führung der Unternehmen und alle Prozesse kompliziert machen.

Der Weg zur Einfachheit führt über Klarheit und Verzicht

Die Einfachheit bei ALDI ist wesensbestimmend. Sie ist die Leitmaxime durch den Dschungel der Komplexität in dieser Welt. Einfachheit ist dabei kein Selbstzweck. Einfachheit ist der andere Weg zum Ziel, zum Erfolg. Einfachheit muss man begreifen und dann üben und immer wieder üben. Einfachheit ist nicht leicht. Das ist kein Kratzen an der Oberfläche, sondern mit der Einfachheit dringt man tief ein ins Fleisch. Im Laufe der Jahre hat man bei ALDI erkannt, wie erfolgreich, wie schnell und auch wie sicher man mit einfachen Lösungen auf einfachen Wegen sein kann. Zwei entscheidende Komponenten machen die Einfachheit aus:

Klarheit und Verzicht

Erst wenn man sich darüber klar geworden ist, was man wirklich will, warum man es will, dann kann man den einfachen Weg gehen. Der einfache Weg aber ist der Weg des Verzichts. Weglassen, Loslassen. Nicht alles tun, was möglich ist, sondern nur das, was sinnvoll und zweckmäßig ist. Eben das tun, worüber man sich gerade klar geworden ist. Nur der Verzicht ermöglicht die Einfachheit. Nur die Klarheit sagt mir, worauf ich verzichten kann. Für ALDI-Mitarbeiter ist diese Denkart zu einer Selbstverständlichkeit geworden. Für sie ist das der gute, selbstverständliche Weg zum Erfolg. Das ist ihre wesentliche Unternehmenskultur.

Jeder wird zustimmen, dass es richtig ist, sich Klarheit zu verschaffen. Viele werden sich aber fragen, warum sie verzichten sollten. Viele meinen, Verzicht sei doch ein Nachteil. Warum soll man etwas aufgeben, was man haben könnte, was man tun könnte? Verzicht fällt offenbar schwer. Die Albrechts aber wurden mit ihrer Verzicht-Politik zu den Drittreichsten der Welt. Klarheit und Verzicht machen Sinn.

Was macht ALDI? Was bedeutet das *Prinzip der Einfachheit* in der

Praxis? Zur Beantwortung dieser Frage ist es wichtig zu verstehen, dass zunächst grundlegende Prinzipien die Voraussetzung für einfache Lösungen bilden, schließlich aber die praktischen Detailregelungen den Beweis für die Einfachheit liefern. Sie sind in der folgenden Übersicht aufgelistet:

- Es gibt keine starken Zentralbereiche wie Marketing, Controlling, Informations Systems, Public Relation, Werbung, Rechtsabteilung und keine Stabsstellen.
- Es gelten klare Ziele und Kompetenzen für alle, die auch strikt eingehalten werden.
- Die Unternehmensorganisation ist durch eine flache Hierarchie gekennzeichnet sowie durch die Prinzipien der
- Dezentralisation und Delegation.
- Es werden wenige Statistiken erstellt, hinzu kommt ein bewusster
- Verzicht auf regelmäßige Erhebung und Auswertung aller denkbaren Daten (wie zum Beispiel Kunden-Durchschnittseinkäufe an verschiedenen Tagen).
- Es gibt keine komplexen Einkaufskonditionen.
- Die Neuaufnahme von Artikeln erfolgt erst nach einem Test in drei Läden. Damit wird die Belastung der gesamten Organisation mit einem eventuellen Flop vermieden.
- Der Verkauf erfolgt aus dem Karton, die
- Belieferung ausschließlich auf Paletten.
- Die Waren werden im Laden grundsätzlich nach logistischen Überlegungen plaziert, um die Arbeit zu erleichtern und die Produktivität zu steigern, nicht in der bekannten sogenannten »Augenhöhe«, damit der Kunde diese Artikel (mit zum Beispiel höherer Gewinnspanne) kauft.

Einfachheit macht schnell!

Einfachheit macht die Unternehmen schneller. Zeit ist die knappste Ressource, die zur Verfügung steht. Der Zusammenhang zwischen *Zeit* und *Einfachheit* wird sehr gut deutlich an den Überlegungen, die den Neurobiologen Christof Koch von der CarlTech California leiten. Er äußerte sich in *Die Zeit* vom 2.7.1998 über seine Forschungen auf dem Gebiet der Bewusstseinstheorie. Verschiedene Fachleute machten ihm den Vorwurf, dass er sich ausschließlich auf die Analyse des visuellen Systems beschränke. Woher er denn die Gewissheit nähme, so zum Erfolg zu kommen. Seine Antwort ist eine Beschreibung des Erfolgsprinzips *Einfachheit*: »Ich denke, es ist derzeit nicht möglich, eine Bewusstseinstheorie aufzustellen, die mit allen Erkenntnissen kompatibel ist. Dafür ist unser Wissen vom Gehirn zu fragmentarisch. Man muss sich also für einen Ansatz entscheiden – und den verfolgen, ohne sich von widersprüchlichen Ergebnissen allzusehr ablenken zu lassen. Es ist ganz einfach: Ich will das Problem in meinem Leben noch verstehen. Natürlich muss man irgendwann die verschiedenen Bewusstseinszustände erklären. Aber wenn man seinen Haustürschlüssel verloren hat, wird man den einfachsten Weg suchen, in sein Haus zu kommen – und das ist im Moment das bewusste und unbewusste Sehen. Es kann natürlich sein, dass die einzige Tür, die offen steht, nur in die Abstellkammer führt.«

ALDI ist erfolgreich geworden durch Verzicht auf viele Nebenwege, durch Konzentration auf einen Weg, durch Versuch und Irrtum. ALDI hat ähnlich gearbeitet wie Christof Koch.

Die goldene Regel von der Einfachheit zeigt viele Parallelen zu den Bestrebungen, die Unternehmen »lean« zu machen, das heißt: schlank, überschaubar, klar, begreifbar, vernünftig, intelligent. Die einfachen Lösungen bringen den Erfolg. Es gilt deshalb, die einfachen Fragen zu stellen, wie Kinder es tun.

Mit dem ALDI-Erfolg untrennbar verbunden ist die einfache Gestaltung von Systemen und Prozessen. »Konsequent einfach«

sein, ist immer der intelligentere Weg. Unternehmen müssen versuchen, die komplexe Welt durch einfache Organisation zu beherrschen. Kurz:

Intelligente Gestaltung ist einfache Gestaltung

Im Wettbewerb werden sich diejenigen Gebilde behaupten, welche die Beherrschung der Komplexität am einfachsten organisiert haben. Ein Wort ist hier angebracht zur Notwendigkeit von Budgets. Kaum ein Manager oder Unternehmensleiter kann sich heute vorstellen, ohne Jahresbudgets oder Abteilungsbudgets auszukommen. Im September eines jeden Jahres beginnen die Budgetvorbereitungen und Budgetverhandlungen, die so unendlich viele teuere Managementstunden kosten und so viele Mitarbeiter auf allen Funktionsstufen frustrieren. Man kann ohne Budgets oder Planungsrechnungen auskommen. ALDI beweist das. Das ist das siebte Erfolgsgeheimnis.

Selbstbeschränkung im Sortiment

Ein entscheidender Schlüssel zur Einfachheit ist fraglos das jahrzehntelang auf 600 Artikel begrenzte ALDI-Sortiment. Die bei ALDI durch eine geringe Artikelzahl erreichte Einfachheit war allerdings nicht das Ergebnis reiner Geistesgröße, sondern einer Erfahrung, die Karl Albrecht schon 1953 geschildert hatte und die im Laufe der Zeit konsequent befolgt wurde.

In vielen Branchen hat man inzwischen erkannt, dass die Sorten- und Variantenvielfalt ein gewaltiger Kostenfaktor ist. Nicht zuletzt in der Automobilindustrie hat man sich intensiv mit diesem Problem auseinandergesetzt, wie etwa die Berichte über die Teile-Vielfalt bei Volkswagen zeigen. Mit steigender Anzahl von Varianten oder Artikeln wachsen Kosten und Komplexität überproportional.

Eine Erklärung dafür liefert Christian Homburg, Professor für Betriebswirtschaftslehre an der Hochschule für Unternehmensführung in Koblenz[4]: Erfahrungen, so Homburg, hätten gezeigt, dass die Gemeinkosten der Infrastruktur in hohem Maße proportional zur Anzahl der Varianten stiegen. Zu viele Varianten würden oft infolge eines Informationsproblems produziert. Bei der Entscheidung zugunsten neuer Varianten gehe man davon aus, dass fixe Kosten ohnehin vorhanden seien und die neue Variante mit der existierenden Infrastruktur bewältigt werden könne.

Schleichendes Kostenwachstum kann die Folge einer zu großen Sortimentsvielfalt sein. Zunächst ist nichts sichtbar, doch später sind die Kosten gestiegen – aus scheinbar unerfindlichen Gründen ... Die Tatsache, dass die Aufnahme jedes neuen Artikels das bereits vorhandene Sortiment beeinflusst, ist zwar hinlänglich bekannt. Aber es fehlt die Konsequenz, dieses Wissen nüchtern und ohne Illusionen umzusetzen. Oft fordert der Verkauf die Ausweitung des Sortiments mit dem Argument, dies entspreche dem Kundeninteresse. Auch der Einkauf weiß um diese scheinbaren »Notwendigkeiten« aufgrund seiner Gespräche mit Lieferanten, die für die Aufnahme eines weiteren Artikels wieder einen neuen Rabatt oder ein kreatives Incentive ersonnen haben – und auch die Werbung der Industrie trägt zur gefährlichen Sortimentsausweitung bei: Bloß nichts versäumen, keine gute Gelegenheit auslassen, keinen Fehler machen, auf keinen Umsatz verzichten. Tatsächlich aber bestehen diese Notwendigkeiten oft nicht. Für die Bewältigung des Dilemmas bedarf es keines schwer fassbaren, neuen »komplexen Komplexitätsmanagements«, sondern einer einfachen und klugen Organisation.

Das erste Geheimnis von der Einfachheit zieht sich durch die zehn folgenden Geheimnisse hindurch. Es entsteht ein in sich geschlossenes Regelwerk, das den ALDI-Erfolg begründet.

Geheimnis 2: Erarbeiten Sie das Vertrauen Ihrer Kunden!

»Jeder, der einem anderen nützt,
nützt sich selber.«

Seneca

Kundenorientierung heißt das moderne Schlagwort des Marketing und der fortschrittlichen Unternehmenspolitik. In der neumodischen Managementsprache sind auch andere Bezeichnungen geläufig, etwa »Clienting«, »Customizing«, »Efficient Consumer Response«, »Kundenfokussierung«, »Ertragswertorientiertes Management der Kundenzufriedenheit« oder »Customer Relationship Management«.

Beinahe täglich werden neue Begriffe erfunden. Doch im Grunde geht es dabei um die älteste »Weisheit« in der Wirtschaft, die sich in dem schlichten Satz ausdrücken lässt: »Der Kunde ist König.« Das Geschäft wird mit Kunden gemacht, die normalerweise die Freiheit haben, zu kaufen oder nicht zu kaufen. Eigentlich genügt diese einfache Regel zur Orientierung, aber die Fachbücher und -zeitschriften sind voll von »neuen bahnbrechenden Erkenntnissen«, sodass es nötig ist, dies mit einem Blick auf die Praxis bei ALDI zu kommentieren.

Die neue »Swiss« hat jetzt Porzellangeschirr an Bord

In einer fast ganzseitigen Zeitungsanzeige wirbt die neue Schweizer Fluggesellschaft für ihren Bordservice. Als ein wesentlicher Punkt wird hervorgehoben, dass Speisen auf Porzellangeschirr serviert würden. Was ist wesentlich? Was wünschen die Kunden von ihrer Fluggesellschaft? Warum sollen sie mit der Swiss fliegen? Die Antwort lautet wahrscheinlich: Weil es sich um eine sichere Airline mit gutem Fluggerät und gut ausgebildeten Piloten handelt, die sicher und pünktlich starten und landen. Gerade die Swiss hatte damit bei ihrer Vorgängergesellschaft Crossair einige gravierende Probleme. Die Swissair war an finanziellen Problemen eingegangen. Wie steht es da mit dem Vertrauen der Kunden? Ist für sie das Geschirr wichtig?

ALDI wäre dieses Thema offensiv angegangen im Sinne seiner traditionellen Weise: »ALDI informiert«. Vielleicht hätte die Swiss ihren Kunden Folgendes sagen können:

»Verehrte Kunden! Wir sind die neue Schweizer Fluggesellschaft Swiss. Unsere Vorgänger-Airlines haben verschiedene Probleme nicht bewältigen können. Wir gehen neu an den Start, mit neuen Konzepten und Prinzipien. Unser Thema Nr. 1 ist Sicherheit. Das haben wir getan:

1. Keine unserer Maschinen ist älter als drei Jahre.
2. Wie es bei renommierten Fluggesellschaften üblich ist, erfolgt bei uns alle zwei Tage eine Wartung der Maschinen.
3. Alle unsere Piloten gehen monatlich einen Check durch bei der unabhängigen internationalen xy-Vereinigung.«

Vertrauen muss über Jahre erarbeitet werden. Vertrauen ist nicht zu erzwingen, schon gar nicht mit Zeitungsanzeigen. Vertrauen muss mühsam bewiesen werden.

Universität untersucht Banalitäten

An der Universität Münster[5] hat man das Preiswissen der Kunden untersucht. Man fragte die Kunden, ob sie die Preise bestimmter Lebensmittelgruppen wie Obst, Molkereiprodukte oder Süßwaren für sehr wichtig oder für sehr unwichtig hielten. Das »sensationelle« Ergebnis, das ja nun eigentlich wirklich nicht überraschend ist: Die Kunden hielten die Preise niemals für unwichtig. Daher befindet das Universitätsinstitut es für richtig, dass der Handel sich auf den Preis als zentrales Marketingparameter fixiert. Überraschend fand man es dann, dass 30 Prozent der Kunden gar keine Preise kannten. Erwähnenswert findet man auch die Vermutung, dass Kunden die Preise der schnell drehenden Artikel besser kennen als diejenigen von Zweit-, Dritt- oder Handelsmarken. Die Schlussfolgerung aus der Untersuchung: Der Handel verschenke massiv Gewinnmöglichkeiten, weil er nicht die Möglichkeiten höherer Preise nutzt. Denn die Kunden würden oft von höheren Preisvorstellungen ausgehen. Die angenommenen Preise lägen höher als die realen Preise. Hier würde der Handel die Zahlungsbereitschaft seiner Kunden nur unzureichend abschöpfen. Man sieht die Notwendigkeit einer systematischen, kundenorientierten Preispolitik. Die Preisbeurteilung der Konsumenten sollte die Grundlage zur Identifikation preispolitischer Spielräume darstellen. Schließlich meinen die Autoren Peter Kenning und Josef Hesse, dass die Handelswissenschaft hier künftig wichtige Erkenntnisse liefern kann.

Das Letztgenannte dürfte nun wohl gerade nicht der Fall sein. Mit viel Komplexität und entsprechendem Aufwand hat man zunächst die banalsten Erkenntnisse gesammelt und das überall vorhandene Wissen noch einmal bestätigt. Die preispolitischen Handlungen im Handel sind zwar sehr differenziert. Zweifelhaft ist jedoch, ob sich noch mehr Händler zum Abschöpfen der Zahlungsbereitschaften aufmachen. Einer jedenfalls hat das nie getan und wird das nie tun: ALDI.

ALDI hat das Ziel, den Konsumenten die niedrigstmöglichen Preise zu bieten. ALDI orientiert sich niemals an vermeintlichen Preisvorstellungen seiner Kunden. ALDI will seine Kunden niemals enttäuschen. ALDI will glaubwürdig und zuverlässig sein. Weil das über Jahrzehnte gelungen ist, vertrauen die Konsumenten ihrem Händler ALDI inzwischen blind. ALDI ist der verlässliche Partner, der niemanden über den Tisch ziehen und keine Zahlungsbereitschaften abschöpfen will. Prof. Ahlert und sein Institut für Handelsmarketing und Netzwerkmarketing an der Universität Münster (IfHM) würden ALDI vermutlich eine umfassende Studie mit 1000 Probanden empfehlen, um festzustellen, welche Preisvorstellung die Kunden von Tandil, River-Cola und Markus-Kaffee haben.

Vertrauen verringert Komplexität. Die Kunden vertrauen ALDI. ALDI verzichtet auf teure und unsinnige Untersuchungen. ALDI investiert alle seine Kraft und Fähigkeit darin, die Produkte für die Kunden noch besser und noch billiger zu machen.

Kundenorientierung: Das Einfache ist schwierig

Kundenorientierung scheint selbstverständlich und einfach zu sein – woran sonst sollen sich die Unternehmen orientieren, wenn nicht am Kunden? Aber immer wieder kann man feststellen: Das Einfache ist schwierig. Davon profitieren dann die Beratungsunternehmen, die der verunsicherten Unternehmensleitung etwas über »Clienting« erzählen können. Da wird dann »Umsetzung der Kundennähe in ein schlüssiges Managementkonzept« gefordert. Die renommierte Unternehmensberatung A.T. Kearney hat sogar das EKM (Ertragsorientiertes Kundenmanagement) entwickelt.

Warum ist Kundenorientierung so kompliziert, dass selbst erfahrene Manager damit nicht mehr allein zurechtkommen? Ist es der fehlende Wille oder die mangelnde Umsetzung des Gewollten an der Verkaufsfront? Ist Kundenorientierung nur ein Lippenbekenntnis? Der mangelhaften Kundenorientierung im Unternehmensalltag wird mit wohlklingenden Bekenntnissen in theoretischen Abhandlungen zur modernen Unternehmensführung begegnet. Die vielen Worte, die hier gemacht werden, um einfache Gedanken mitzuteilen, sind – mit Schopenhauer gesprochen – untrügliche Zeichen der Mittelmäßigkeit. Da wird die Notwendigkeit eines »ertragswertorientierten Managements der Kundenzufriedenheit« begründet mit den »Kräften der Globalisierung und dem technischen Fortschritt«[6]. Vom selben Verfasser stammt die Feststellung, das Rationalisierungs- und Produktivitätsverbesserungspotenzial schlage sich in der Kundenergebnisrechnung sichtbar nieder:

»Das Kundenergebnis ist letztlich die Differenz zwischen Aufwendungen und Nettoerlösen aus dem Leistungsaustausch bei Berücksichtigung der kundenindividuellen Beziehungs- und Dialogprozesse und weist den gegenwärtigen Ertragswert der Kundenbeziehung aus. Das ertragswertorientierte Kundenzufriedenheits-Management fokussiert sich auf den bewerteten zukünftigen, das heißt potenziellen Ertragswert der Kundenbeziehung unter Berücksichtigung der zielgerichteten und systematischen Gestaltung des kundenspezifischen Beziehungs- und Dialogprozesses auf Basis des Ziel-Kundenzufriedenheitsgrades, der wiederum aus den Erkenntnissen der Kundenzufriedenheitsanalyse abgeleitet wird.«

Bei ALDI hat man sich bewusst nie die Mühe gemacht, solche Gedankengänge nur im Ansatz zu verstehen. Das hat viel Zeit gespart und den Kopf für Wesentliches und Handfestes freigehalten. Was wäre aus ALDI geworden, hätte man sich dort um die Umsetzung dieser »fundamentalen und bahnbrechenden Erkenntnisse« bemüht? Zu solchen Luftblasen der Managementsprache passt gut die Erkenntnis: »Was auf Sie wie Quatsch wirkt, ist meistens auch Quatsch.«

ALDI war und ist erfolgreich, weil es sich um die einfachen Fragen bemüht hat. »Back to the Basics«, wie Peters und Waterman in ihrem Buch *Auf der Suche nach Spitzenleistungen* fordern. Eigentlich ist es ganz einfach: Nur aus dem Umsatz mit den Kunden kann der Aufwand gedeckt werden. Der Kunde bezahlt und finanziert alles. Er zahlt die Gehälter, er zahlt die Lieferantenrechnungen, und er zahlt die Steuern an den Staat. Außerdem trägt er – hoffentlich – etwas zum Gewinn bei, damit die Inhaber oder Aktionäre auch »Spaß« an ihren Unternehmungen haben.

Fredmund Malik, Professor für Unternehmensführung an der

Hochschule St. Gallen, hat auf dem Jahreskongress des MMM-Clubs (Moderne-Markt-Methoden) 1995 die Forderung formuliert, die eigentlich alle Grundfragen beantwortet:

»Optimieren Sie den Kundennutzen,
statt sich nur auf eine Gewinnerhöhung zu konzentrieren.«

Kundenbedürfnisse erkennen

Aber was wünscht der Kunde? Wie erfahren wir das? Dafür muss der Topmanager von seinem Olymp heruntersteigen und in seinen Laden gehen. Marktforschung und Nielsen-Daten allein helfen wenig. Tests, zuhören, zusehen und sensibel in die Haut des Kunden schlüpfen, selber mal sein eigener Kunde sein – das hilft. Der einfachste Weg, die Leistungen des eigenen Unternehmens zu beurteilen, ist, die eigenen Produkte zu kaufen. Im Handel heißt das: selber einkaufen; und zwar so echt wie möglich, mit einem zuvor erstellten Einkaufszettel und in einem Laden, in dem man als Chef oder Mitarbeiter der Zentrale nicht bekannt ist. Erst wenn man selbst als Kunde vor dem Regal steht, bemerkt man die wichtigen Details. Dies zu tun, bedarf keiner besonderen Systematik und schon gar keiner bezahlten Einkaufskolonnen von eigens dafür engagierten Fremdunternehmen. Auch nicht die Ehefrau des Verkaufsleiters geht in diesem Fall einkaufen, sondern er selbst. Dem ALDI-Gedanken entsprechend: Nichts einfacher als das … Konsequent einfach machen! Bevor man Experten zu Rate zieht, genügt es oft schon, die eigenen vielfältigen Erfahrungen als Kunde aller möglichen Branchen einmal bewusst wahrzunehmen.

Dazu einige kleine Beispiele, wie sie schon jeder ähnlich erlebt hat: Ich hatte gerade ein dreibändiges Werk zum Islam neu erworben. Band 2 vergaß ich im Flugzeug. Diesen Band wollte ich nun nachkaufen. In einer Buchhandlung in Hamburg sagte man, dass die

Bände einzeln nicht verkauft würden. Doch wegen des Verlustes eines Exemplars gleich drei neue Bände für 45 Euro kaufen? Eine andere Buchhandlung bot an, beim Herder-Verlag nachzufragen, ob man nicht eine Ausnahme machen könne. Nach zwei Wochen kam der verlorene Band – kostenlos! Ein nicht minder beeindruckender Fall: Eine Möbelfirma in Bad Segeberg lieferte ein fehlendes Kissen für eine Couch auch noch zwei Jahre nach dem Kauf kostenlos und ohne irgendwelche Formalitäten nach. Der Kunde hatte das Fehlen zuvor gar nicht bemerkt, weil das Möbel auch so vollständig aussah. Später erkannte er aber an einem entsprechenden Ausstellungsstück, dass doch etwas fehlte. Die Firma hat dem Kunden geglaubt. Aus Prinzip. Dies ist konkrete Kundenorientierung, und so entsteht Kundenbindung.

Es gibt viele solcher leuchtenden Beispiele. Aber leider auch viele – viel mehr? – andere: Bei der Telekom kann man selbst nachts um ein Uhr über einen Zeitraum von zwei Stunden keinen Weckruf für den frühen Morgen in Auftrag geben, weil laut automatischer Ansage alle Leitungen besetzt seien. Glaubt der Kunde das? Oder muss man annehmen, dass hier gespart wird? Der Möbelhandel hat durchweg Lieferfristen bis zu 14 Wochen. Auf ein aus mobilen Teilen zusammengestelltes Regal muss man zehn bis zwölf Wochen warten. In der Industrie dagegen spricht man über »Just-in-Time-Lieferungen«. Solche Entwicklungen machen auch den Erfolg von Ikea aus. Und die Möbelbranche klagt über Umsatzrückgänge. Müssen wir uns jetzt noch eingehend über »Ertragswertorientiertes Management der Kundenzufriedenheit« unterhalten? Gelänge es den Unternehmen doch nur, das Normale gut zu machen!

Das Selbstverständliche gut machen

Das Außergewöhnliche ist gar nicht notwendig. Der erfolgreiche Modehändler Ipuri ist berühmt für seinen guten Service. Chef und Inhaber Edgar Rosenberger hat das Erfolgsprinzip einmal so formuliert:

»Der beste Service ist der, der nicht als außergewöhnlich empfunden wird, sondern der einfach gemacht wird.«

Der ALDI-Erfolg beruht zum großen Teil auf dieser Kultur der verbindlichen und selbstverständlichen Kundenorientierung. Man macht es einfach. Mir ist aus meiner langjährigen Tätigkeit bei ALDI kein einziger Fall bekannt, in dem bewusst gegen das Interesse der Kunden gehandelt wurde, weder, um die Ergebnisse zu verbessern, noch, um betriebliche Abläufe zu erleichtern.

Ein Beispiel erlebte ich als Geschäftsführer in Schleswig-Holstein, als Theo Albrecht zu Besuch kam und wir gemeinsam einen unserer Läden in Niebüll aufsuchten. Theo Albrecht fand im Regal eine aufgerissene Packung Mars – die vollständige Packung wurde mit drei Stück zu 98 Pfennig verkauft. Er nahm ein Stück und ging damit zur Kasse. Die Kassiererin, natürlich aufgeregt angesichts des hohen Besuches, verlangte 50 Pfennig. Als Theo Albrecht verwundert reagierte, antwortete sie: »Herr Albrecht, im Zweifel immer zugunsten der Firma!« Sie hatte es gut gemeint – nur keinen Fehler machen! Und in der Aufregung auch noch 0,98 durch drei teilen? Aber sie hatte natürlich zur gutmütigen Empörung des Chefs beigetragen. Dieser erklärte ihr dann ausführlich und nachsichtig, wie er es als Kunde richtig gefunden hätte.

Was ist als Wert und Regel für jeden Mitarbeiter besser verständlich und als Leitidee besser zu akzeptieren als solch ein faires Verhalten gegenüber den Kunden? Einfach, einleuchtend, selbstverständlich, moralisch, sinnvoll. Klar und konkret definierte Leistung, Zuverlässigkeit und Glaubwürdigkeit sind die Antworten auf die neumodischen Schlagworte der Berater und Marketing-Gurus.

Glaubwürdigkeit im Verhältnis Kunde/Firma

Glaubwürdigkeit ist ein Schlüsselwort in der Beziehung zwischen Menschen, besonders in der Beziehung zu den eigenen Mitarbeitern, aber auch zu Lieferanten und Kunden.

»Glaubwürdigkeit ist das Übereinstimmen von Reden und Handeln«, so drückte es Nestlé-Chef Helmut Maucher aus. Das hat ALDI seinen Kunden gegenüber perfektioniert – und die haben es honoriert.

ALDI verfolgt das Prinzip, gute oder beste Ware zum niedrigsten Preis anzubieten. Der Kunde soll und kann Vertrauen in das Angebot haben. Er kann am Ende – oft im Gegensatz zu den Angeboten der Mitbewerber – auf fortwährende Prüfung der Preiswürdigkeit von ALDI verzichten. Der Kunde weiß, dass er gute Qualität kauft und diese nirgends billiger erhält. Früher hat er sicherlich Preisvergleiche angestellt. Inzwischen weiß er, dass er vertrauen kann. Das überschaubare Sortiment mit wenigen Artikeln ermöglicht es den ALDI-Managern, das Verhältnis von Preis und Oualität unter Kontrolle zu halten.

ALDI ist für den Kunden glaubwürdig, weil Reden und Handeln, Werbeaussage und Wirklichkeit übereinstimmen. Der Kunde hat keine Zweifel, weil er nie enttäuscht wurde. Auf der Tagung der *Lebensmittel-Zeitung* zum Thema »Discount in Deutschland« 1996 wurde anerkannt, dass ALDI 30 Jahre lang ein konstantes Niveau erreichte, was für Kunden und Lieferanten schlicht »Berechenbarkeit« bedeutete. Nur so ist es begreifbar, dass Kunden heute bereit sind, bei ALDI für 1000 Euro einen Computer »ohne Namen« zu kaufen. Ohne Beratung, ohne Empfehlung. Nur hohes Vertrauen macht das möglich, auf diese Weise in drei Tagen 200 Millionen Euro umzusetzen. Für diese nun schon seit Jahren verkauften Computer erhielt ALDI mehrfach das Prädikat »sehr gut« oder »gut«. Die Leser von *Computer-Bild* gaben ALDI den »Goldenen Computer« als Würdigung. Mit solchen Non-Food-Angeboten erzielt ALDI inzwischen einen Jahresumsatz von vier Milliarden Euro allein in Deutschland.

Konsequente Qualitäts- und Sortimentspolitik

Zur Orientierung am Interesse des Kunden gehört die einwandfreie oder besonders gute Qualität als oberstes Gebot. Dies zeigt sich in einer konsequenten und permanenten Qualitätspolitik. Ein Beispiel: Bei ALDI wurden Eier bei der Anlieferung im Zentrallager mit dem Eierprüfgerät, einer einfachen Durchleuchtungstechnik, auf Frische kontrolliert, lange bevor Salmonellenskandale in die Schlagzeilen gerückt waren. In manch anderem Unternehmen weiß man dagegen nicht einmal, was ein Eierprüfgerät ist. Wird der schnelle Warenumschlag bedacht, so wird deutlich, dass ALDI in Deutschland die frischesten Eier anbietet.

Tägliche Verkostungen der Eigenmarken und ihr Vergleich mit den führenden Marken sowie Labortests ergänzen ALDIs intensive Qualitätspolitik, die seit Jahrzehnten praktiziert wird – »ISO 9000« und »Total Quality Management« (TQM) waren noch völlig unbekannte Stichworte. Zur Qualitätspolitik zählt ebenso die deutliche und ehrliche Deklaration des Artikels – unabhängig davon, ob diese nun vorteilhaft klingt oder nicht.

Doch auch bei ALDI kommt es gelegentlich zu Ausnahmen: So nutzte ALDI jene für den Kunden schwierige Unterscheidung zwischen Grand Marnier mit »Gordon Rouge« und »Gordon Jaune«. ALDI verkaufte den »Gordon Jaune«, der wesentlich kostengünstiger auf Weinbrandbasis produziert war. Diesen Artikel vertrieb ALDI exklusiv in Deutschland, während der übrige Handel den viel teureren Artikel mit der roten Schleife auf Cognacbasis verkaufte. Per Deklaration wurde zwar nichts Falsches verkauft, aber das bewusste Vermeiden eines ausdrücklichen Hinweises auf den Unterschied kann durchaus als »Unterlassungssünde« gewertet werden.

Hinsichtlich einer konsequenten Kundenorientierung folgen viele deutsche Handelsmanager nicht dem von Fredmund Malik empfohlenen und von ALDI realisierten Prinzip: Der Stücknutzen, der absolute und prozentuale Rohertrag, der vom Lieferanten angebotene Werbekostenzuschuss (WKZ) sollten nicht die wesentlichen

Entscheidungskriterien für die Sortimentsbildung sein. Nur so kann vermieden werden, dass der Lieferant die Regale mit Artikeln füllt, die einem sinnvollen, kundenorientierten Verkaufskonzept widersprechen. Listungsrabatte seitens der Lieferanten und die Wünsche der Kunden müssen gewissenhaft gegeneinander abgewogen werden.

Die Mitbewerber von ALDI sind stark lieferantenorientiert, wodurch sie oft erhebliche, zunächst nicht rechenhafte, Nachteile zu verantworten haben. Uwe Rosmanith spricht richtig von der »Einkaufslastigkeit vieler Unternehmen«[7]. Vielfach werden nicht Artikel, sondern Werbekostenzuschüsse, Rückvergütungen und Rabatte eingekauft. Diese Praxis kann an den Regalen förmlich abgelesen werden: Vom gleichen Lieferanten gibt es Würstchen in Gläsern zu 750 und 850 Gramm, die kein Kunde unterscheiden kann, aber die Regale des Handels füllen. Die Einkaufslastigkeit verdrängt zunehmend die Kundenorientierung aus dem täglichen Unternehmensmanagement.

Umgang mit Reklamationen

Wer kennt sie nicht, die Leiden eines Kunden, der eine Reklamation hat. Spätestens hier zeigt sich die wirkliche Kundenleistung des Unternehmens – an der korrekten und im Einzelfall mit viel Einfühlungsvermögen praktizierten Umsetzung. ALDI war bewusst, dass die Umsetzung immer problematisch ist, und nur durch eine eindeutige feste Regelung Unklarheiten vermieden werden können. Daher gilt: ALDI nimmt grundsätzlich alles zurück, was dem Kunden nicht gefällt oder was nicht einwandfrei ist. Der Kunde erhält dafür einen Ersatz oder den Geldbetrag zurück. Fast jeder, der mit einer solchen Regelung konfrontiert wird, befürchtet sofort, dass Kunden sie ausnutzen könnten und daher ein Ermessensspielraum in der Filiale verbleiben müsste. ALDI hat das anders geregelt. Zum einen sind jene

Fälle außerordentlich selten, in denen Kunden eine solche Großzügigkeit ausnutzen, zum anderen hat ALDI den Ermessensspielraum völlig ausgeschaltet, indem es der Filiale absolut verboten ist, eine Reklamation abzulehnen. Sollte dennoch ein Missbrauch zweifelsfrei vorliegen – etwa im klassischen Fall, wenn die Sektflasche bis auf einen minimalen Rest geleert und erst anschließend reklamiert wird –, werden Name und Anschrift des Reklamierenden notiert und die Auskunft erteilt, dass der zuständige Bezirksleiter den Fall beurteilen und der Kunde dann unverzüglich benachrichtigt werde. Damit soll willkürliches Verhalten der Mitarbeiter im Verkauf weitgehend ausgeschlossen werden. Ein Bericht in der *Lebensmittel-Zeitung* vom 4.10.1996 illustriert diese für die ALDI-Unternehmenskultur charakteristische Praxis und soll daher vollständig wiedergegeben werden:

Kurzer Prozeß bei ALDI Süd

gh. Frankfurt, 2. Oktober. – Die Sache war ärgerlich. Aber so etwas kann schon mal passieren. Der im Juni bei ALDI Süd in Wiesbaden erworbene kleine Handschalenkoffer machte schon vor der ersten Dienstreise schlapp – das Zylinderschloß war herausgebrochen.

Von einem Telefonanruf bei der ALDI-Niederlassung in Mörfelden versprach sich der Redakteur einen Ausweg aus dem Dilemma. Bei ALDI traf er auf die ebenso angenehme wie freundliche Stimme einer Mitarbeiterin, die – vom Anrufer ausführlich über die Notlage informiert – flugs zu einer Kollegin durchstellte. Frau T. war gleichfalls äußerst hilfsbereit. Gegebenenfalls könne man den Koffer an der Verkaufsstelle gegen Bargeld zurückgeben, empfahl sie. Aber es gebe noch eine »Service-Adresse«, die in solchen Fällen für ALDI einspringt. Frau T. suchte die Anschrift für den Anrufer, konnte sie aber nicht gleich finden. Jedoch 20 Minuten später erfolgte der Rückruf mit Nennung der Adresse: Dario GmbH in Hamburg. Auch hier fiel dem Anrufer, der sich bisher als Kunde im Einzelhandel nicht überall als König fühlen durfte, die höfliche und zuvorkommende Art auf. Frau R. riet nach umfänglichem Gedankenaustausch, den Koffer nach Hamburg zu schicken. Dario werde die Versandkosten übernehmen und schauen, was sich machen läßt.

Der Redakteur wählte trotz des verlockenden Angebotes den bequemen Weg. Rückgabe des Koffers bei ALDI. Im Laden in der Mainzer Straße in Wiesbaden traf er auf leichtes Erstaunen, gleichwohl auch auf kurze Reaktionszeiten. Die Marktleiterin nahm den Koffer auch ohne Bon zurück. »Was hat er denn gekostet?« Sie selbst wußte es nicht, weil sie seinerzeit im Urlaub weilte. Der Redakteur – sich seiner Sache nicht ganz sicher – sagte: »29 Mark 90, glaube ich.« Die ALDI-Mannschaft vertraut ihrem Kunden und zahlt den Betrag aus.

Service in Deutschland – es macht Freude, über solche Fälle berichten zu können!

Anreize für den Kunden

Wenn der Wareneinsatz, also der Wert der eingekauften Ware, der Einkaufspreis, als Kostenfaktor angesehen wird, so macht dieser regelmäßig den größten Kostenblock im Handel aus. 60 bis 80 Prozent sind durchaus üblich. Es ist aber ein Trugschluss zu glauben, man habe das Entscheidende zum Erfolg dann beigetragen, wenn man – vermeintlich – gute Einkaufspreise erzielt hat.

Der ALDI-Erfolg beruht letztlich nicht – wie viele Mitbewerber meinen – auf dem Einkauf, sondern ist im Verkauf, in der Absatzpolitik und in der Kundenorientierung begründet. Es ist sogar sicher, dass ALDI im Vergleich zur Konkurrenz nicht immer die günstigsten Einstandspreise hat. Im Übrigen sind Preisvergleiche aufgrund der komplizierten und unübersichtlichen Konditionenpolitik der Industrie auch nicht zweifelsfrei möglich. Wichtiger als die Frage nach dem Einkaufspreis ist etwas anderes:

Warum soll der Kunde eigentlich in meinem Laden kaufen?
Warum soll der Kunde gerade mein Produkt kaufen?

Diese Frage, die Kernfrage des Marketings und der Unternehmensstrategie, gilt für praktisch alle Unternehmen und Einrichtungen, vom Autohersteller über die Hotelkette bis zum Sinfonieorchester. Es ist die einfache Frage nach der strategischen Ausrichtung, nach dem Konzept eines Unternehmens. Für die Antwort reicht eine vage Zielformulierung, etwa »man wolle den Menschen gute Produkte preiswert anbieten«, nicht aus.

Fantasielos wird versucht, den Kunden mit Sonderangeboten zu locken. Einkäufer und Lieferanten treffen sich und machen ihre Jahresprogramme. Die Industrie will einen Artikel besonders herausstellen, und der Handel erfüllt den Wunsch gegen eine besondere Zahlung (Aktionsrabatte oder Steigerungsrabatte).

Die Praxis zeigt, wie eine derartige Einkaufspolitik die Sortimentspolitik des Handels beeinflusst und wie die Erträge betroffen sind. Handelsgruppen wie Edeka, Rewe und Spar entscheiden darüber hinaus oft gegen die ureigensten Interessen ihrer eigenen Kaufleute. Die Jahresgespräche mit der Industrie führen zu Absprachen über eine bestimmte Anzahl von Aktionen oder Verkaufsaktivitäten. Die einkaufende Organisation erhält dafür vom Lieferanten zusätzliche Konditionen, die sie nicht immer direkt an ihre Kaufleute weitergibt. Werbemittel für die Aktion sind dann ein Flugblatt oder eine Anzeige in der Zeitung. Durch seine Firmierung ist der Kaufmann nun natürlich gezwungen, diese Aktion mitzumachen, das heißt, er muss den betreffenden Artikel disponieren, auch wenn er diesen üblicherweise gar nicht im Sortiment führt und seine eigene Sortimentspolitik ihn ausschließt. Die Werbung zwingt den Kaufmann, ausreichende Mengen zu bestellen, damit Kunden nicht verärgert werden. Regalplätze müssen bereitgestellt werden, und die Reste nach der Aktion verbleiben dann oft monatelang im Regal – von der nicht immer passenden Preispolitik, die Spannenverluste bedeutet, einmal abgesehen. So dehnt sich das Sortiment aus, ohne dass dem strategische Überlegungen zugrunde liegen. In einer Verkaufsaktion beworbene Artikel, wie zum Beispiel Faber Sekt oder Colgate Zahnpasta, belasten das Sortiment und stören die konzeptionellen Überlegungen des Kaufmanns, wenn dieser die Artikel nicht in seinem Sortiment führen will.

Der Kunde ist König, nicht der Einkauf

In einem in der *Lebensmittel-Zeitung* erschienenen Aufsatz mit dem Titel »Die Herausforderung managen« schreibt Bernd Biehl, dass sich die Allmacht der Einkaufsabteilungen in den vergangenen Jahrzehnten in Deutschland zum Allerheiligsten der Handelsunternehmen entwickelt hat. Die Einkäufer werden daran gemessen, welche Bruttospannen, die Differenz zwischen Verkaufs- und Einkaufspreis, sie rechnerisch herausholen. Offenbar hat der Einkauf in manchem Unternehmen auch über den Verkaufspreis die Entscheidungshoheit. Bei ALDI entscheidet über eine der wichtigsten Fragen, nämlich den Verkaufspreis, die oberste Geschäftsleitung, das heißt die Geschäftsführer und der Verwaltungsrat.

Bedenklich erschien eine Strategie der Firma Plus, als sie die Leistungskennziffern »Rohertrag« und »Umschlagshäufigkeit« ins Visier nehmen wollte – der Kunde blieb im Nebel. Rohertrag ist die Differenz zwischen Verkaufspreis und Einkaufspreis. Geht man davon aus, dass die Einkaufspreise für jeden einzelnen Artikel relativ festgelegt sind, so konnte Plus seinen Rohertrag nur durch zwei Maßnahmen erhöhen: Zum einen können die Verkaufspreise erhöht werden. Der Erfolg schien ungewiss. Es kann aber auch die Zusammensetzung des Sortiments verändert werden, denn der Rohertrag ist ja auch die Summe aus dem Verkauf aller Artikel. Auch hier war der Erfolg fraglich, wenn alles nur unter dem Gesichtspunkt des Rohertrags geschieht, die Kundenwünsche aber nur eine geringe Rolle spielen.

Noch unklarer ist, was mit einer Verbesserung der Umschlagshäufigkeit wirklich gemeint sein soll. Der Quotient aus Umsatz und Warenbestand (wie oft wird der Bestand in einem Monat umgeschlagen: Umsatz zehn Millionen und Bestand zwei Millionen ergibt eine Umschlagshäufigkeit von fünf mal im Monat) kann kaum als große Strategie bezeichnet werden. Bestandsoptimierung im Rahmen guter Logistik ist ein selbstverständliches Muss, Umsatzerhöhung ein gutes Ziel. Die Frage ist: Wie? Strategieüberlegungen müssen sich um die Kunden ranken – sonst nichts.

Die sehr oft fehlende ganzheitliche Betrachtung aus der Sicht der Kunden und aus konzeptionellen Überlegungen heraus führt nicht zuletzt zu den aggressiven Verkaufsaktionen der Hersteller in Form von Ladendisplays, in denen die Produkte in besonders schicker Weise angeboten werden und dabei das Ladenbild und den organisatorischen Ablauf kräftig stören. Von den meistens zu hoch disponierten Mengen einmal abgesehen, die nach Abschluss der Aktion ins Ladenlager wandern oder in die Regale gequetscht werden. Solche Entwicklungen – immerhin über Jahrzehnte – sind eine Folge der Fehleinschätzung über die wirklichen Erfolgsfaktoren im Handel, die zwangsläufig auch immer wieder zu falschen »Erklärungen« für den sagenhaften ALDI-Erfolg geführt haben.

Heute werden vielerorts neue, kundennahe Organisationsformen gefordert und diskutiert. Mit den neumodischen Konzepten vom »Efficient Consumer Response« und vom »Category Management« versucht man, die Denkrichtung zu verändern. Zweifelhaft ist, ob das viel propagierte Konzept des Efficient Consumer Response das leisten kann. Zunächst wird wieder einmal sehr kompliziert gedacht. Aber eine einfache Methode kann ja auch nicht so elegant über eine Vielzahl von Kongressen und mit komplexer, aber gewinnbringender Software verkauft werden.

Das Vertrauen der Kunden erkämpfen: ALDI und der Teuro

Es geht nicht um Methoden des »Kundenfangs«. Es geht um das Thema Vertrauen. Das ist die Gewinn bringende Dienstleistung der Zukunft.

Seit dem 1. Januar 2002 klagen sehr viele Handelsfirmen über dramatische Umsatzprobleme. Man spricht im ersten Halbjahr von minus fünf Prozent gegenüber dem Vorjahr. ALDI dagegen dürfte eine Umsatzsteigerung von 15 Prozent erzielt haben – das wären auf das ganze Jahr bezogen in Deutschland drei Milliarden Euro mehr in der Kasse. Wie kommt das?

Überall sind die Klagen groß, dass der Handel, aber auch viele andere, die Situation zur Umstellung von Mark auf Euro ausgenutzt hätten – mit einem mehr oder weniger großen Aufschlag bei der Umrechnung. Die Konsumenten sind skeptisch, sie sind misstrauisch. Der Verdacht und eine Bestätigung des Verdachts bei einem Anbieter wird leicht übertragen auf die anderen Anbieter. »Alle machen es so«, wird gesagt. Zwar gibt es einige Untersuchungen, doch bleibt das schwer nachprüfbar. Vielen wird dabei sicher auch Unrecht getan. Von diesem Misstrauen aber gibt es eine sichere Ausnahme. Das ist ALDI. Kein Kunde wird annehmen, dass ALDI die Umrechnungssituation ausgenutzt haben könnte. Kunden wissen das, sie sind da ganz sicher. Sie vertrauen ALDI. Das haben sie über Jahrzehnte gelernt. In der Komplexität dieser Welt ist ALDI ihr Anker, an dem sie sich festhalten können.

Ähnliches dürfte für Ikea gelten. ALDI und Ikea sind die Unternehmen, die nicht anschließend in großen Preissenkungsaktionen versucht haben, das Ruder herumzuwerfen, wie es viele Unternehmen gemacht haben. Das dürfte bei den Kunden eher doppelt negativ gewirkt haben, weil so erst das schlechte Gewissen deutlich wird, könnten sie meinen.

Schlicht, ehrlich, rationell: Ladeneinrichtung und Warenplatzierung

ALDI betreibt nach innen und außen ein deutlich asketisches Verkaufskonzept: sparsame, karge Ladenausstattung mit einem einfachen, auf die Grundbedürfnisse der Konsumenten ausgerichteten Sortiment. Der Schwerpunkt des Angebots liegt auf einfachen Artikeln des täglichen Bedarfes, wie Konserven, Konfitüren, H-Milch, Waschmittel und Toilettenpapier.

Vielfach wurde behauptet, dass bei der Einrichtung der ALDI-Läden wie bei der Warenplatzierung »verkaufspsychologische« Überlegungen eine Rolle spielten. Das Aussehen sei mit Absicht so schlicht gehalten, um den Eindruck zu erwecken, kostenbewusst zu sein. Das ist falsch. Es geht bei ALDI nicht um den Eindruck. Es geht immer um die Kosten und darüber hinaus um ein ehrliches Angebot an den Kunden, ohne »Schau«. Kunden sollen nicht glauben, ALDI sei billig. ALDI ist billig. Das soll nicht suggeriert werden. Das erfahren die Kunden durch ihre eigenen Preisvergleiche. Für die Einrichtung eines ALDI-Ladens gibt es kein anderes Kriterium als zweckmäßige, haltbare und kostengünstige Materialien zu verwenden. Regalmaße, Gangbreiten, ja – wenn möglich –, sogar die Länge und Breite des Ladenlokals selbst werden ausschließlich bestimmt nach logistischen Überlegungen (Kartonmaße, Palettenmaße, Manövrierwege von Hubwagen und Ähnliches).

Im Einzelhandel ist es üblich, hochpreisige Artikel oder Artikel mit höheren Margen in Augenhöhe zu platzieren oder die schlecht kalkulierten Artikel wie Zucker tief nach unten, dass es für den Kunden mühsam wird, den Artikel zu greifen oder gar überhaupt zu finden. Bei ALDI dagegen erfolgt die Warenplatzierung in Regalen und auf Paletten in den Läden ausschließlich nach logistischen Überlegungen. Optik spielt keine Rolle. Mit fein abgestimmten Bestelltechniken, bei denen insbesondere der Wochenbedarf, Artikeleigenarten und die Lieferhäufigkeit eine Rolle spielen, werden für die Artikel ein bestimmtes Regalvolumen und ein bestimmter Regalplatz zur Verfügung gestellt.

Beim Bestellvorgang selbst wird die einfachste aller denkbaren Techniken angewendet, die auch Toyota mit seinem Kanban-System nutzt: »Wo was weg ist, muss was hin.«

Geheimnis 3: Handeln Sie konsequent nach klaren Zielen!

In vielen Unternehmen sind Ziele und Wege sowie alle möglichen Methoden so unklar oder gar geheim, dass ein ständiger, mehr oder weniger störender Kampf und Krampf um Wahrheiten, Scheinwahrheiten und persönliche Vorstellungen stattfindet. Oft genug gehen diese Auseinandersetzungen bis in die Aufsichtsgremien hinein.

E-Commerce: Fehlender Sinn und Unklarheit sind Ursachen für das Scheitern

Die meisten E Commerce-Unternehmen hatten das Einfache nicht begriffen: Dass man eine überzeugende Geschäftsidee als Grundlage braucht. Sie hatten offenbar vergessen, an den Sinn zu denken. So wollten einige allen Konsumenten Lebensmittel an die Haustür liefern. Dazu müsste man wissen, ob die Konsumenten das wollen und außerdem, wie man das rein handwerklich schaffen kann. Darum haben sich die Glücksritter der New Economy und ihre Banken offenbar wenig gekümmert.

Weit verbreitet scheint es zu sein, sofort in komplexen Zusammenhängen zu denken und dabei das Wesentliche aus dem Blick zu verlieren. Das Wesentliche aber sieht man nur, wenn man sich beschränkt, wenn man versucht, einfache Zusammenhänge zu bilden und zu verstehen. Das Internet ist nur ein interessantes Vehikel zum Kunden.

Die Frage ist zu beantworten, warum der Kunde denn via Internet kaufen sollte. Kann er nicht doch besser in den Supermarkt oder ins Kaufhaus gehen? Die etablierten Versandhäuser sind mit ihren Systemen Profis für solche Geschäfte. Otto und Quelle können so etwas. Das Problem: Kontakt aufbauen zum Kunden – ja, das können viele. Den Kunden zum Kaufen zu bringen – vielleicht auch noch. Aber dann den Kunden auch noch beliefern? – nein. Das schaffen die Newcomer dann doch nicht. Ohne Lager? Ohne Logistik? Ohne Sortiment? Ohne Einkauf? Ohne Kenntnis der Produkte? Nur mit Computern im Keller – das reicht nicht.

E-Mail und Internet sind Medien für den Austausch digitalisierter Informationen. Physische Von-Haus-zu-Haus-Transporte sind nicht digitalisierbar. Es macht einen Unterschied, 20 000 Artikel von der Tengelmann-Zentrale mit einem Sattelschlepper in einige Läden zu fahren, die dort von Tausenden von Kunden abgeholt werden, als diese 20 000 Artikel durch die Gassen der Großstädte mit kleinen LKWs zu Tausenden von Kunden bis in den vierten Stock zu transportieren.

Auch die Hamburgischen Electricitäts-Werke haben ein Sinnproblem

Offenbar ist es schwierig, dem Kunden ein sinnvolles Angebot im Energiebereich zu machen. Der unübersichtliche Wettbewerb zwischen den Stromkonzernen veranlasst diese dazu, die Kunden mit Bonussystemen und Coupons vollzumüllen. Der Kunde soll Treuepunkte sammeln. Offenbar wissen die Stromkonzerne nicht, wie man sicher und günstig Strom verkaufen soll. Will der Kunde wirklich mehr, etwas anderes? Das ist kein zielorientiertes strategisches Handeln, keine Kundenorientierung, die so intensiv von 90 Prozent aller Unternehmen als wichtigste Aktivität bezeichnet wird. Das ist pures Marketing ohne Sinn und Bezug zum Produkt.

Viele Kunden wollen nur Strom kaufen und nicht wertvolle Zeit mit dem Studium von Couponbroschüren, Gutscheinheften, Bestellformularen, Unterlagen und Erläuterungen zum Punktesammeln bei 50 Firmen und Veranstaltern verschwenden. Mit der Kundenkarte der Hamburgischen Elektricitäts-Werke (HEW) könnte man bei McDonalds billiger essen oder das Kieser-Fitness-Studio günstiger nutzen. Ein Besuch mit den Enkelkindern im dänischen Legoland mit einer Ersparnis von 30 Euro wäre auch nicht schlecht.

Was ist die Botschaft des Stromanbieters HEW an seine Kunden? An der Frage, warum die Kunden ihren Strom kaufen sollten, kommen die HEW nicht vorbei. Da muss eine glasklare Antwort her. Der Spruch des HEW-Pressesprechers, Mario Spitzmüller, ist nicht überzeugend: »Wir versorgen unsere Kunden eben nicht nur mit Strom, sondern auch mit guten Ideen«. Wer will eigentlich von allen möglichen Unternehmen permanent mit sogenannten »guten Ideen« rundum versorgt werden?

Orientierung statt blumiger Deklarationen

Viele Unternehmen leitet die Unklarheit. Das macht sie richtungslos. Ihre Ziele sind dann nicht mehr zielführend, sondern schaffen Verwirrung. Ein großes deutsches Filialunternehmen glaubt seinen Mitarbeitern mit folgender Deklaration Orientierung geben zu können:

> »Wir wollen dafür sorgen, dass Menschen bequem gute Produkte preiswert einkaufen können.«

Was können die Mitarbeiter mit solch blumigen Deklarationen anfangen? Sie geben keine operationale Anleitung, keine klare

Handlungsanleitung. Sie deuten immer auf eine komplexe Organisation im Nebel. Schon Seneca erkannte das Problem:

»Für ein Schiff, das seinen Hafen nicht kennt,
weht kein Wind günstig.«

ALDI hat klare Ziele und alle verstehen sie

Ein Unternehmen, das wie ALDI von klaren Zielen und Regeln geleitet wird, schafft ein Klima, in dem offen von allen Mitarbeitern das Notwendige gesagt werden kann. Tricks oder mühevolle Überzeugungsprozesse sind nicht notwendig, damit die Mitarbeiter ihre eigenen Ziele umsetzen können.

ALDIs klares Unternehmenskonzept, unterstützt durch die dezentrale Organisationsstruktur, trägt dazu bei, das Konfliktpotenzial grundsätzlich zu verringern. Natürlich schließt das nicht aus, dass einzelne Personen mit ihren Eigenarten Klima und Zusammenarbeit stören, und es gibt auch spürbare Unterschiede zwischen verschiedenen ALDI-Gesellschaften in Abhängigkeit von ihren Geschäftsführern und leitenden Mitarbeitern. Aber deren Wirkungsmöglichkeiten sind – aufs Ganze gesehen – doch sehr eingeschränkt. Die sicheren Organisationsstrukturen und die klaren Ziele schützen vor Zerstörung von Konzept und Kultur.

Die Zielvorgaben bei ALDI sind außerordentlich einfach: Es geht nur um niedrigste Kosten beziehungsweise um höchst mögliche Leistungen und Produktivität in allen Bereichen, niedrigstmögliche Verkaufspreise und beste Qualität. Das versteht jede Kassiererin und jeder Packer im Lager, sogar jeder Manager. Diese Ziele sind auf Dauer für alle Abteilungen und Mitarbeiter anwendbar und umsetzbar, eine Unterscheidung in kurz-, mittel- und langfristige Ziele erübrigt sich, ebenso eine Zielhierarchie von der Unternehmensspitze bis nach unten in den Laden. Mitarbeiter aller Ebenen und Funktionen können sich überall an den gleichen Zielen orientieren: Strategien, Pläne und Ziele sind keine Geheimnisse der »Palastwache«, sie sind im ganzen Unternehmen bekannt.

Was ALDI will, ist für jeden verständlich: Kein einziger Cent darf unnütz ausgegeben werden. Jeder Mitarbeiter kann stolz darauf sein, wenn es ihm für seinen vielleicht auch kleinen Bereich gelingt, dieses Ziel umzusetzen. Das erfordert tägliche Kleinarbeit, tägliches Nachdenken, tägliche Verbesserungen und auch Erfahrungsaustausch, um das Gesamtoptimum, oder zunächst das absolute Kostenminimum, zu erreichen.

Das ungeschriebene Unternehmensziel ist in den Stellenbeschreibungen konkret ausgeführt.

Der Geschäftsführer ...

- hat auf Dauer den höchstmöglichen Umsatz zu erzielen und zur Stärkung der Marktposition ein leistungsfähiges Filialnetz auszubauen und zu sichern,
- einen optimalen Gewinn zu erreichen, ohne die künftige Unternehmensentwicklung zu beeinträchtigen, und
- die Marktposition des Unternehmens durch extreme Anwendung des Wirtschaftlichkeitsprinzips zu festigen und auszubauen.

Der Verkaufsleiter ...

- hat sicherzustellen, dass in seinem Verkaufsbereich auf Dauer höchstmögliche Umsätze erzielt werden.
- Dabei hat er zu beachten, dass ein reibungsloser Geschäftsablauf in ordentlich aussehenden Verkaufsstellen bei niedrigsten Kosten sowie höchstmöglichen Leistungen und stimmenden Abrechnungen gewährleistet ist, um die bestehende Wettbewerbsfähigkeit zu erhalten und noch zu verbessern.
- Er hat die Verkaufsstellen mit Filialleitern zu besetzen, die den Anforderungen der Position entsprechen, und sicherzustellen,

dass die ihm unterstellten Bezirksleiter ihre Aufgaben entsprechend den Stellenbeschreibungen wahrnehmen.

Der Bezirksleiter …

- hat in den Verkaufsstellen personell die Voraussetzungen zu schaffen, die in den Läden Sauberkeit und Ordnung, einen reibungslosen Verkaufsablauf und stimmende Inventuren bei hohen Verkaufsleistungen ermöglichen, und
- die Einheitlichkeit der Befolgung von Anweisungen der Geschäftsleitung in den Verkaufsstellen sicherzustellen.

Der Filialleiter …

- soll die von ihm verwaltete Verkaufsstelle stets in einem sauberen und ordentlichen Zustand halten,
- für ein ausreichendes Warenangebot sorgen (ohne Überbestände und möglichst ohne Fehlartikel),
- gewährleisten, dass allen Kunden freundlich und höflich begegnet wird –
- und dies alles in einer Weise, bei der der bestehende Kundenstamm erhalten bleibt und neue Kunden hinzugewonnen werden können.
- Er hat mit aller nur denkbaren Sorgfalt stimmende Abrechnungen anzustreben und soll durch überlegte Arbeitseinteilung und gute Unterweisung seiner Mitarbeiter möglichst gute Verkaufsleistungen erzielen.

Der Leiter des Zentrallagers …

- hat sicherzustellen, dass in seinem Zentrallager unter Wahrung geltenden Rechts und der Sicherheit ein reibungsloser Betriebsablauf bei niedrigsten Kosten, höchstmöglichen Leistungen und geringsten Inventurverlusten gewährleistet ist.

- Dabei hat er sowohl im Zentrallager als auch auf dem Betriebsgelände für Sauberkeit und Ordnung zu sorgen.

Der Personal- und Verwaltungsleiter ...

- hat, unter extremer Anwendung des Prinzips der Wirtschaftlichkeit, in allen Abteilungen der kaufmännischen Verwaltung organisatorisch und personell die Voraussetzungen für einwandfreie Aufgabenerledigung im Rahmen der betrieblichen und rechtlichen Bestimmungen zu schaffen und
- zu gewährleisten, dass die für die Geschäftsleitung erforderlichen Unterlagen und Daten spätestens zum geforderten Termin zur Verfügung stehen.

Es sind nicht die besseren Führungskräfte ...

ALDI hat nicht die besseren Manager. Die Konkurrenz hat sicherlich Manager mit gleichen oder gar höheren Fähigkeiten und Erfahrungen, und alle haben die gleichen menschlichen Stärken und Schwächen. ALDI-Manager bringen jedoch einige charakterliche Besonderheiten ein, die der Unternehmenskultur entsprechen. Ohne Zweifel spielt für das Verhalten der ALDI-Manager auch der Zwang der Verhältnisse, die Ordnung und Organisation des Betriebes eine entscheidende Rolle. Man muss eben entsprechend den Vorschriften handeln – auch, wenn es einmal gegen die Natur sein sollte. Die Einladung eines Lieferanten zu einem »Arbeitsessen« ist ja eine schöne Sache, die überall praktiziert wird, bei ALDI aber ist das den Mitarbeitern untersagt. Im Laufe eines längeren Lebens in einem Betrieb wie ALDI stellen sich bei den meisten Mitarbeitern Lernprozesse und Überzeugungen ein, die solche Kulturen tragen und unterstützen, eben weil sie so eindeutig erfolgreich sind. ALDI ist bis ins Detail konsequent seinen Zielen verpflichtet, die aus einer strengen Kundenorientierung abgeleitet sind. Bei manchem der »anderen« mag dies in ähnlicher Form gelten, nicht aber bei der Mehrzahl. An den langfristig erzielten Unternehmensergebnissen der Konkurrenz ist es ablesbar. Und da kann es kaum verwundern, wenn dort das berühmte eine Prozent (Gewinn vor Steuern in Prozent vom Umsatz) schon einen Grund zur höchsten Zufriedenheit darstellt.

Dass keiner der Konkurrenten es jemals verstanden hat, ALDI wirklich zu kopieren, liegt an den asketischen Prinzipien und an Tugenden wie Konsequenz und Disziplin, die manchem Manager so schwer fallen. Ihnen fehlt allzu leicht das »süße Leben«, Kongresse, Lieferanteneinladungen und manch interessante Verlockung des Tages. Detailarbeit – konsequent betrieben – ist eine große Mühe, die nur dann besonders gut geleistet werden kann, wenn man vom Sinn seiner Arbeit und dem damit verbundenen Erfolg überzeugt ist. Das ist bei der überwiegenden Zahl der ALDI-Mitarbeiter der Fall. Auch die mit den schwereren körperlichen Arbeiten belasteten Mitarbeiter an der Ladenkasse, im Fuhrpark oder im Lager dürften überwiegend so denken. Sie erhalten nicht nur die höchsten Entlohnungen der Branche, sondern für ihre Arbeit auch viel positive Zuwendung von Kunden und Freunden. Denn fast alle loben ALDI wegen seiner guten Leistung. Und das dürfen sich alle Mitarbeiter anrechnen.

Bescheidenheit bedeutet nicht nur den Verzicht auf Luxus und Statussymbole, sondern auch einen persönlichen Stil, der im Auftreten und Umgang zum Ausdruck kommt. Schon bei der Personalsuche, bei Neueinstellungen und Beförderungen wird darauf geachtet, gute aber auch bescheidene Führungskräfte zu finden, die zu dieser Kultur passen.

Menschen sind generell eitel. So muss diese Bescheidenheit und Askese kompensiert werden. Bei ALDI geschieht das dadurch, dass der Einzelne stolz sein kann auf seine Leistung und das Ansehen seiner Firma im Vergleich zu den Großen und Bedeutenden im Wettbewerb. Insgeheim weiß er, dass seine Erfolge sogar ganz andere Dimensionen haben.

Auch Selbstdisziplin ist eine für ALDI-Führungskräfte notwendige und typische Charaktereigenschaft, die den zentralen Kulturaspekten bei ALDI förderlich ist. Besonders gilt das für das Leitprinzip der Sparsamkeit, für die Zurückhaltung gegenüber der Öffentlichkeit und die Fairness gegenüber anderen, in erster Linie den Lieferanten.

Täglich diese Askese zu praktizieren, das ist für viele sicherlich nicht einfach, und manchen gelingt es auch nicht. Daher sprach schon immer vieles dafür, den Führungsnachwuchs aus den eigenen Reihen zu rekrutieren. ALDIs Führungskräfte fangen nach einer Einarbeitung auf der Filialleiter-Ebene als Bezirksleiter an und erklimmen die Hierarchieleiter von unten. Unter den heutigen Geschäftsführern und im Verwaltungsrat gibt es ehemalige Bezirksleiter, Verkaufsleiter, Verwaltungsleiter, Lagerleiter und sogar Filialleiter.

Sie kennen den Laden, die »Front«, und sie nehmen in ihrer Einarbeitungszeit weitgehend die vorhandenen kulturellen Elemente des Unternehmens in sich auf. Dabei wird schon bei der Einstellung – wie bereits erwähnt – einem bestimmten Charakter größere Bedeutung beigemessen als etwa einem Harvard-Diplom, und so gibt es bei ALDI auch keine Führungskräfte mit einschlägiger Erfahrung bei McKinsey oder mit anderen exklusiven Werdegängen.

»Mensch und Strategie müssen zusammenpassen.«

Rolf Berth

Strategie und Charakter sind so untrennbar miteinander verbunden, dass eine bestimmte Persönlichkeit nicht in der Lage ist, mehr als eine sehr begrenzte Zahl strategischer Konzepte zu fahren. Die ALDI-Strategie ist so besonders, dass nicht jeder dort ohne weiteres hineinpassen würde. Der Unternehmensberater Rolf Berth untersuchte eine Vielzahl von Unternehmen[8] und fand, dass ein strategisches Konzept nur von bestimmten Persönlichkeiten durchgesetzt werden kann; Versagen, Scheitern, Firmenzusammenbrüche seien überwiegend durch Unstimmigkeiten zwischen Aufgabe und Charakter bedingt. Diese in Übereinstimmung zu bringen ist bei ALDI überwiegend gelungen.

Konsequenz und Systemstrenge trotz täglicher Verlockungen

Viele Menschen – auch Manager – sind wankelmütig. Aber worauf kommt es an? Die Antwort scheint einfach: Ein gutes Konzept durchhalten. Richtig erkannte Prinzipien stur verfolgen. Den Verlockungen widerstehen. Konsequenz heißt: Bewährte Methoden nicht dauernd ändern, sondern der Redensart folgen:

»Schuster, bleib bei deinen Leisten.«

ALDI hat fast immer danach gehandelt. Um nur ein Beispiel zu nennen: Die Eigenproduktion beschränkte sich auf die Röstung von Kaffee – anders als es die Konsumgenossenschaften in Deutschland und A&P in Amerika handhabten, die bis zu 80 Prozent ihrer Ware selbst produzierten und daran zugrunde gingen.

Allen Verlockungen in verschiedenen Bereichen des Unternehmenslebens hat man bei ALDI widerstanden. Dazu gehören: Ausdehnung des Sortiments, Diversifikation in andere Branchen und Einkaufsentscheidungen aufgrund von Vergünstigungen der Lieferanten. Jahrelang hielt man an der Ablehnung problematischer Artikel wie Obst und Gemüse strikt fest und verzichtete auf jegliche Form von Manipulation an den Qualitäten ebenso wie auf die kostspielige Anmietung eines Ladens an einem fantastischen Standort. Solche Konsequenz im Handeln erfordert strenge Disziplin und prägt das Unternehmen und seine Mitarbeiter.

Ein Beispiel für das hartnäckige Festhalten an Prinzipien – das durchaus manchmal an Sturheit oder gar Blindheit grenzte – war der

Umgang mit dem Artikel Butter. Butter wurde als einziger wichtiger Artikel im Kühlregal lange nicht geführt, weil Probleme mit den zu erwartenden Volumenmassen zu befürchten waren und mit einem Verkaufspreis ohne Gewinn gerechnet werden musste. Dies widersprach durchaus der vielzitierten Kundenorientierung. Selbst eine Aufnahme dieses Artikels in den Niederlanden, wo gänzlich andere Bedingungen herrschten, wurde abgelehnt. Aber Ausnahmen, auch von kluger Arbeitsweise, bestätigen die Regel und unterstreichen die grundsätzlich richtige Denkweise. Hier hätte Bismarck mit seinem Ausspruch Recht bekommen, dass Prinzipien haben auch heißen könne, mit einer Stange quer im Mund durch den Wald zu laufen. So musste selbst ALDI in puncto Butter eines Besseren belehrt werden.

Der zunehmende Wettbewerb im Discountmarkt bringt durchaus auch Unruhe in die ALDI-Organisation, die sich früher eher souverän über die Konkurrenz hinwegsetzte. So konnte man schließlich nicht mehr an einem interessanten Butterumsatz einfach vorbeigehen. Auf der anderen Seite war der Verzicht auf den Verkauf von Butter immer schon inkonsequent unter dem Gesichtspunkt der Kundenorientierung. So ist auch Salz grundsätzlich kein Artikel für ein begrenztes ALDI-Sortiment. Trotzdem führt man Salz, weil es zu den täglichen Grundbedürfnissen des Kunden gehört.

Es bedarf einer enormen Disziplin, die Artikelzahl über viele Jahre um kein Stück zu erweitern. In einer Nestlé-Studie von 1987 heißt es: »Gemäß einer Umfrage unter Top-Managern des Handels sagen alle, dass ALDI zum Vollsortimenter hin tendiert«. Bei manchem Mitbewerber war dies tatsächlich der Fall. Einige haben als Discounter begonnen und dann wegen nicht zufriedenstellender Erfolge ihre Sortimente ausgedehnt. Der Schweizer Discounter Denner hat so inzwischen ein Sortiment von 3 000 Artikeln – das jetzt wieder schrittweise bis auf 1 000 Artikel reduziert werden soll. Mit unbeugsamer Konsequenz konzentriert sich ALDI auf sein angestammtes Geschäft mit den so klaren Zielen. Peter Drucker stellte einmal fest[9]:

»Konzentration ist der Schlüssel zu wirtschaftlichen Resultaten. Gegen kein anderes Prinzip der Effektivität wird heute so regelmäßig verstoßen wie gegen das Grundprinzip der Konzentration. Unser Motto scheint zu sein: Laßt uns von allem ein bißchen tun.«

600 Artikel bestimmen ein Unternehmen

Der Erfolg von ALDI ist ein Erfolg freiwilliger Selbstbeschränkung. Jahrzehntelang hielt ALDI Nord sein Sortiment bei 600 Artikeln. Aktuell ist inzwischen von 700 Artikeln auszugehen. ALDI Süd dürfte heute noch 650 Artikel führen.

Früher hat ALDI nur Artikel des sogenannten Trockensortiments geführt. Kühlung oder besondere Behandlung waren nicht erforderlich. Heute sind auch Kühlartikel und Tiefkühlartikel von der technischen und logistischen Seite her kein Problem mehr. Auch besondere Kenntnisse des Personals in Beratung und Service sind nicht erforderlich für die von ALDI geführten Sortimente. Obst und Gemüse können inzwischen mit Einschränkungen bewältigt werden. Auch Frischfleisch in der Kühlung kann durchaus einmal ein Artikel des Standardsortiments werden, nachdem man in Tests die Systeme erkundet und zu beherrschen gelernt hat.

600 Artikel können beherrscht werden. Jeder Artikel ist ein Individuum und kann bis hin zur obersten Geschäftsleitung als solches auch behandelt werden. Bei 600 Artikeln »kennt man« jeden einzelnen noch »persönlich«. Bei 700 Artikeln wird das schwieriger.

Aber müssten das nicht auch Unternehmen mit mehreren tausend Artikeln leisten, zumindest in einem bestimmten Umfang? Der Kunde kauft schließlich immer einen, »seinen«, bestimmten Artikel. Ihm ist es egal, wie viele Schwestern, Brüder und sonstige Verwandte dieser Artikel hat. Er kauft ja niemals eine Warengruppe Konfitüre, sondern beispielsweise »ein halbes Glas Kirschkonfitüre mit niedrigem Zuckergehalt«. Doch dies ist eines der großen Probleme aller Mitbewerber. Schon bei 2000 und erst recht bei 20000 Artikeln müssen andere, im Prinzip pauschalierte Methoden der Qualitäts- und Sortimentssteuerung angewendet werden. Doch es gibt Lösungen.

Eine Lösung ist die Delegation von Entscheidungsbefugnissen in der Sortiments- und Preispolitik an die Filialen unter Einhaltung bestimmter Rahmenbedingungen. Das wird heute im Handel teilweise auch versucht – allerdings sehr halbherzig.

In einem 1997 in der *Lebensmittel-Zeitung* erschienenen Artikel »Neue Freiheiten für Marktleiter« geht Uwe Rosmanith stellvertretend für viele andere Handelsunternehmen auf die bei der Rewe gestellten Fragen ein. Inwieweit konterkariert der Unternehmer vor Ort mit seinem Zugriff auf Sortiment und Preis nicht genau die Strategie, die von den meisten großen Handelshäusern in der Zentrale eingeschlagen wurde? Verbunden mit den entsprechenden Leistungszulagen an die Industrie sowie dem Ziel, den optimalen Einkaufspreis durch Bündelung zu erzielen, sei die Beschaffung und Steuerung der Sortimente nicht umsonst in die Zentralen verlagert worden.

Bei dieser Argumentation spielt der Kunde überhaupt keine Rolle, und die vollmundige »Kundenorientierung« wird zum reinen Lippenbekenntnis. Worum es einzig und allein geht, ist das Aushandeln weiterer Zehntel Prozente bei der Industrie. Entsprechend sieht es in den Filialen auch aus: Die Sortimente im Einzelhandel erwecken oft den Eindruck, als seien die Regale in den Läden Messestände der Lieferanten.

Die Lösung des Problems »Wie beherrsche ich 6000 Artikel?« hat eine Verkäuferin einmal die »Zahnpasta-Philosophie« genannt.

Die Zahnpasta-Philosophie

Nach der »Zahnpasta-Philosophie« wird vielen Verkäuferinnen oder Verkäufern und den Warengruppenleitern in den Läden, nicht den Filialleitern, jeweils eine kleine Artikelgruppe zur Betreuung zugeordnet. Diese Verkäuferin ist Ansprechpartnerin der Einkaufsabteilung, und der Einkauf darf keine Sortimentsentscheidungen ohne ihre Mitwirkung fällen.

Was ist nun genau ihre Aufgabe? Sie stellt Überlegungen an, ob ihre Artikelgruppe unter den definierten Rahmenrichtlinien des Unternehmens optimal zusammengesetzt ist. Sie überlegt, ob die Packungsgrößen richtig sind, ob einzelne Artikel gestrichen werden könnten, ob wichtige Artikel im Sortiment fehlen. Sie kann experimentieren, Versuche machen mit Platzierungen, eventuell sogar mit preispolitischen Maßnahmen. Und sie besucht Mitbewerber, um zu sehen, was sich dort tut. Sie wird auf diese Weise die Fachfrau im Unternehmen und damit jedem Einkäufer mit ihrem Know-how überlegen und ihm so eine Hilfe sein können. Als Gesprächspartner und Ratgeber kann sie sich an ihren Vorgesetzten, den Filialleiter oder auch ihre Kolleginnen wenden.

Was spricht dagegen? Der Haupteinwand von Traditionalisten wird immer sein: Das kann sie doch gar nicht. Falsch! Sie kann. Wenige machen sich im übrigen klar, dass gerade der Lebensmitteleinzelhandel optimal für solche Methoden geeignet ist, weil man in den dort überwiegend beschäftigten Frauen von Haus aus »Fachleute« auf diesen Gebieten hat. Diese Mitarbeiterinnen gehen in der Regel täglich einkaufen, bereiten zu Hause die Mahlzeiten für ihre Familien zu und sind in jedem Fall selbst Konsumentinnen.

Das Plädoyer muss daher lauten: Mehr Mut im Handel! Die ausgetretenen Pfade auch einmal verlassen! Querdenken und etwas Neues anpacken heißt die Devise! Was kann denn noch passieren bei den heutigen Margen und stagnierenden Umsätzen, die von vielen Fachleuten als katastrophal bezeichnet werden?

Die »Zahnpasta-Fachfrau« kann Sparringspartnerin des Warengruppenleiters oder des Category-Managers sein und eine erfolgreiche Rolle in seinem Team spielen. Die dm-Drogeriemarktkette zum Beispiel kennt keine traditionellen Einkäufer mehr, sondern nur noch Sortimentsmanager und -teams.

Die goldene Regel lässt sich übersetzen mit: Weniger ist mehr

Alle betrieblichen Systeme, die Organisation, die Kommunikation, ja sogar Umfang und Art von Sitzungen werden von der Artikelzahl bestimmt. Metro oder gar Karstadt mit über 100 000 Artikeln müssen anders arbeiten, aber auch Tengelmann mit seinen Supermärkten und etwa 15 000 Artikeln muss fast alles anders machen als ALDI. Diesen kardinalen Unterschied hat man selbst in der Fachwelt nicht ausreichend gewürdigt. Oft wurde viel zu oberflächlich auf die sparsame Ladenausstattung bei ALDI verwiesen, um Erfolge und Unterschiede zu erklären. Daraus ergibt sich natürlich, dass nicht alles von ALDI auf andere übertragbar ist. Aber auf die Grundgedanken kommt es an, zum Beispiel darauf, dass für den Kunden jeder Artikel wichtig ist und der Handel die Frage zu lösen hat, wie er diese Schwierigkeit in den Griff bekommt. Dafür gibt es dann »Zahnpasta-Philosophien«, aber auch die wichtige Erkenntnis, dass nicht die Lieferanten die Sortimente bestimmen sollten.

ALDI hat sein ehernes Prinzip vom beschränkten Sortiment nie verändert, auch wenn es für den außenstehenden Betrachter oft so aussah. Aber mit der Einführung von 25 Tiefkühlartikeln wurden eben 25 andere, schwache Artikel, die nicht mehr zum notwendigen Grundbedarf des Haushalts gehörten, gestrichen. Die Sortimente wurden verändert, anders zusammengesetzt, aktualisiert, aber nicht ausgeweitet.

Die Kommentare der Wettbewerber oder der Fachpresse sahen allerdings immer wieder ein Ende, eine Erschlaffung des Konzeptes:

Jetzt ist ALDI gezwungen, sein Sortiment auszudehnen. Mit anderen Worten: Jetzt müsse ALDI endlich so werden wie die anderen. Damit werden sie die gleichen Verhältnisse und Bedingungen haben, und der über all die Jahre so störende Konkurrenzvorsprung geht verloren. Hier liegt auch für einen Insider wie mich einer der bewundernswerten Erfolge der ALDI-Unternehmenspolitik, einer starken Kultur, nämlich, den Verlockungen von Sortimentsausweitungen eben *nicht* zu folgen. Schließlich würden ja 50 Artikel mehr doch nichts ausmachen? Sie könnten doch sicherlich fünf Prozent Umsatzsteigerung bringen. Das würde bei ALDIs heutiger Größe allein in Deutschland eine Milliarde Euro sein. Wäre das nicht für jedes andere Unternehmen ausgesprochen verlockend – bei der im Handel oft verbreiteten Umsatzgier? Nun, ALDI Nord ist dieser Verlockung angesichts stark wachsender Konkurrenz auch erlegen mit der Erhöhung der Artikelzahl. Ein Zeichen der Schwäche? Ein Fehler? Vermutlich ja.

ALDI profitiert mit seiner beschränkten Artikelzahl von Konsumenten, die nach Meinung von Trendforschern (Matthias Horx[10]) die Ware einfacher, dauerhafter, billiger und schlichter wünschen und von zu viel Neuem entlastet sein möchten. Die amerikanische Zukunftsforscherin Carol Farmer sprach auf dem Kongress *Moderne-Markt-Methoden (MMM)* 1994 in München von der bereits begonnenen »less decade«, was so viel bedeutet wie »weniger ist mehr«. Aber das bedeutet auch geringere Kosten und geringere Roherträge oder Verdienstspannen am einzelnen Artikel. Das ungeheuer vielfältige Angebot unserer Zeit ist eine große Belastung für den Kunden, nicht nur zeitlich.

Viele Kunden verzichten inzwischen gern einmal auf die große Auswahl, wenn sie denn sicher sein können, mit dem schnellen einfachen Griff ins Regal einen guten Griff zu tun. ALDI entlastet den Kunden. Wie schwierig ist es, mit einiger Sicherheit einen guten Lachs auszuwählen aus einem Angebot mehrerer Sorten? Beim Wein bei ALDI für 4,49 Euro kann man sich sicher sein, dass er sorgfältig ausgesucht ist und dass man sich auf die Qualität verlassen kann. Weinkauf bei einem anderen Supermarkt dagegen kann ein großes Problem sein. Nicht allein, dass eine gleiche Qualität im Preis zwischen sechs und neun Euro liegen kann. Hinzu kommt die Qual der Wahl, wobei die Qualität dann auch noch in höheren Preisklassen keineswegs gut sein muss.

Das Problem: Komplexität der Ziele

Komplex wird es, wenn man mehrere und zudem nicht klar definierte Ziele verfolgt. Komplex wird es, wenn Ziele unverständlich formuliert sind. Einfachheit wird unmöglich, wenn unklar bleibt, was wesentlich ist, was erreicht werden soll, und warum das gewollt ist. Problematisch ist es, wenn ein Unternehmer das Ziel seines Unternehmens und den Grund für seinen Markterfolg nicht in einer Minute formulieren kann. Ziele geben Richtung und Sicherheit. Schon zwei Ziele können zu komplex sein. Zwei Fliegen mit einer Klappe schlagen, scheint verlockend, aber kann leicht scheitern. Hier liegt das erste und das Haupthindernis auf dem Weg zur Einfachheit.

Dabei geht es doch eigentlich einfach! Es geht doch um eine Selbstverständlichkeit; es geht um den Kunden. Das Ziel ist die Leistung für die Kunden, zu deren Nutzen. Und Ziele müssen als konkrete Handlungsanleitung formuliert werden.

Die Kernfrage, auf die ein Erfolgreicher eine klare Antwort geben kann, lautet:

»Warum sollen die Leute mein Produkt kaufen?«

Geheimnis 4: Verbessern Sie Details täglich!

Die harte Avocado – ein Resultat von Marketing und Wissensmanagement

Die gesamte Absatz- und Werbepolitik, Sortiments- und Preispolitik der Unternehmen werden bestimmt von Marketingexperten, vom Customer Relationship Management, vom Wissen aus Millionen von Daten, die mit Hilfe des Data Mining aus den Data Warehouses gewonnen werden. Konzepte über Konzepte, erdacht von Berater-Gurus, verwirren und vernebeln die Unternehmenslandschaft. Um das Detail kümmern sich wenige. Wenn trotzdem überwiegend alles noch einigermaßen funktioniert, dann deshalb, weil an der Verkaufsfront normal denkende und handelnde Mitarbeiter tätig sind.

Trotzdem: Auch die Mitarbeiter können nicht das in Ordnung bringen, was vorher ihre Chefs auf den Managementetagen vernachlässigt haben: das Detail. Ein Beispiel: Wenn in einem Supermarkt mit hohem Sortimentsniveau nur Avocados angeboten werden, die man erst in vier Tagen essen kann, weil sie zu hart sind, dann zeigt sich hier mangelnde Kundenorientierung und mangelnde Zielklarheit am Detail. Der Supermarkt dürfte doch nicht von seinen Kunden erwarten, dass diese sich einen Wochenplan machen für das, worauf sie Lust haben. Tagelang im Voraus zu wissen: »Mittwochabend will ich eine leckere Avocado essen« – das funktioniert fast nie. Doch alle bieten harte Avocados an. Das ist ein Detail, das ein guter Anbieter beherrschen müsste. Bei ALDI können Avocados und Mangos hart sein, weil der Kunde dort eine andere Erwartung hat: gute Qualität, niedriger Preis, aber wenig Service. Er kennt das Prinzip, die angebotene Ware und stellt sich darauf ein. Aber der Feinkostladen oder der exzellente Supermarkt muss ein anderes Prinzip verfolgen. Warum sonst sollten die Leute denn bei ihm kaufen?

Bei ALDI gibt es eine Detailverliebtheit, nicht weil man Bürokratie oder Pingeligkeit mag, sondern weil man immer wieder erkannt hat, dass Details die Idee und das Produkt vollkommen machen. Das gilt für alle Bereiche des Unternehmens. Für das Sortiment und die Preise ebenso wie für die Konstruktion der LKWs und der Drehkreuzanlagen in den Läden.

Engagement der Führung

Wenn sich Theo Albrecht, der gerne Architekt geworden wäre, mit der richtigen Gestaltung der Drehkreuzanlagen bei fast allen Einrichtungsplänen für neue Läden beschäftigt – und fast immer eine bessere Lösung findet als die zuständigen Verkaufsleiter –, so spart das ALDI-Unternehmen dadurch nicht nur Geld. Dieser Eingriff in die Praxis macht Theo Albrecht auch Spaß, denn er hat einfach »ein Händchen« dafür. Die Frage ist natürlich berechtigt, ob es für den Inhaber eines so großen Unternehmens nicht wichtigere Aufgaben gebe. In jedem Fall liefert Theo Albrecht selbst ein Beispiel dafür, was die Unternehmenskultur bei ALDI prägt: Detailarbeit, die Effizienz und Produktivität immer weiter verbessert. Mit seinem Vorbild fordert er die Mitarbeiter indirekt auf, noch mehr nachzudenken, noch bessere Lösungen zu finden. Den Verkaufsleitern der regionalen Gesellschaft, die über die Ladenplanung entscheiden, kann eine solche Zeichnung auch mal einen Anruf von Theo Albrecht bescheren: »Legen Sie die Zeichnung mal so hin, dass Sie …«, und dann wird gemeinsam verbessert. Der Erfolg liegt im Detail.

Vom Olymp in die Läden

Ein ALDI-Geschäftsführer kennt die Details, ohne dabei die Gesamtstruktur aus dem Auge zu verlieren. Das bedeutet in der Praxis, dass sowohl die Mitglieder des Verwaltungsrates als auch die Geschäftsführer Interesse daran zeigen, wie frisch die Eier in den Läden sind. Interesse am Detail heißt auch, sich selbst als Topmanager in den Laden zu begeben, in allen Ecken des Unternehmens zu forschen und die hundertfachen Ansatzpunkte aufzugreifen, auf Entscheidungswege zu bringen, Problemlösungen zu finden und umzusetzen – durch Ausprobieren, Testen, Machen.

Manager müssen Vorbilder sein; das ist eine ihrer wesentlichen Aufgaben. Als Verwaltungsratsmitglied hat der Autor bei den Kontrollbesuchen in den regionalen Gesellschaften auch die Läden besucht. Wichtig war dabei, jedes Mal für einige Minuten diskret einen Mitarbeiter bei seiner Arbeit zu beobachten. Dabei ging es nicht um den bestimmten Mitarbeiter, nicht um seine Leistung, sondern darum, zu beobachten, welchen Sinn diese konkrete Tätigkeit hat und ob sie wirksam und wirtschaftlich ist. Denn es gibt immer und überall Verbesserungsmöglichkeiten. Was in einem Laden verbessert werden kann, das kann mit 3000 Läden multipliziert werden. Für eine Beurteilung dieser Art muss man nicht Arbeitswissenschaftler sein – kritische, fragende Beobachtung genügt.

Den Olymp der Chefetagen zu verlassen und an die Basis zu gehen, ist oft mühevoller als das Philosophieren über die großen Visionen, über Marketing 2010 und die dicken Studien der Marketingstäbe und Unternehmensberater. Arbeit am Detail macht die Tagesmühen am Ort des Geschehens sichtbar – eine ebenso notwendige wie hilfreiche Praxis. Wenige Hierarchiestufen und wenige oder keine Stabsstellen begünstigen diese Arbeitsweise. Das Jahr 2010 ist natürlich im Blick zu behalten, aber gerade die Praktiker auf den unteren Ebenen müssen in Strategieüberlegungen einbezogen werden, um auch die Details der täglichen Geschäfte würdigen und richtig einschätzen zu können.

Ein erfolgreicher Unternehmenssanierer hat einmal gesagt:

»Ein Unternehmen führen heißt,
sehr stark an den Fakten
und dem Operativen bleiben.«

Kajo Neukirchen

Bürokratiekritik aus der Praxis

Detailbesessenheit kann allerdings auch Nachteile haben. Sehr tief in die Materie einzusteigen, mündet leicht in übertriebene bürokratische Abläufe. Einfachheit geht verloren. Naturgemäß nehmen die zu regelnden Angelegenheiten im Laufe der Zeit zu, alte Regelungen bleiben, wie bei der staatlichen Gesetzgebung, jedoch allzu oft erhalten.

Doch auch ALDI hat Probleme mit der Bürokratie – im Norden bei Theo Albrecht allerdings stärker als im Süden bei Bruder Karl. Gründe für den zeitweilig erhöhten Bürokratismus sind sowohl Misstrauen als auch die personelle Zusammensetzung der Führung. Im Süden gibt es keine Allgemeinbeurteilungen und keine Berichte über Besuche der Führungskräfte in den Läden. ALDI Süd war immer viel *leaner* als der Norden, wo es beispielsweise ausführliche Stellenbeschreibungen und sehr ausgefeilte Arbeitsanleitungen gibt. So beschäftigte man sich im Norden in Geschäftsführerbesprechungen gemeinsam mit dem Verwaltungsrat zum Beispiel mit Ausarbeitungen zum Thema »Reinigung der Eistruhen«, »Wohnungsvermietung in Eigenobjekten« oder mit »Abmahnungen an Verkäuferinnen«. In den Top-Besprechungen des Verwaltungsrates wurde ebenso über die »Stellenbeschreibung der Druckerei« diskutiert wie über die »Spesen für die Revisoren im Ausland«. Ein »Prüfungsbogen für Filialleiter« umfasste 64 Fragen, der Einarbeitungsplan für die Kassiererin acht Seiten – trotz der sehr einfachen Ladenführung im Vergleich zu herkömmlichen Supermärkten. Für die Verkäuferinnen wurden Delegationsbereiche und deren Aufgaben genau beschrieben. Zur Bekämpfung der Inventurverluste gab es einen Leitfaden von 36 Seiten. Die »Allgemeine Führungsanweisung« war ebenfalls mit allzu vielen Detailregelungen und -definitionen befrachtet.

Zugestanden werden muss, dass jeder einzelne Punkt durchaus für sich genommen seine Berechtigung hat und durch die Multiplikation in mehreren tausend Läden erheblich Wirkung bekommt. Aber genau darin besteht die Gefahr aller Bürokratie. Auch den ALDI-Mitarbeitern wird manchmal das Leben erschwert, wenn der Pfad der »Tugend der Einfachheit« gelegentlich verlassen wird. An bürokratisierten »Leidfäden« und an manch kleinkarierter Anweisung üben ALDI-Mitarbeiter auch massive Kritik. Einer dieser »Leidfäden« war einmal eine Schreibtischordnung für die Büros in den Filialen, in der für jede Schublade genau festgelegt wird, welche Papiere dort hineinzulegen sind. Ausgefeilte und sehr komplizierte Prämienregelungen für Bezirksleiter haben ebenfalls mehr Bürokratie bewirkt als Nutzen gestiftet. Zu viele Prämienfaktoren mit unzähligen Varianten führen letztlich zu Verwirrung und Praxisferne. Auch ein Informationskatalog für jede leitende Position, der die Stellenbeschreibungen ergänzt, kann nur als bürokratische Übertreibung angesehen werden. Mit diesem Katalog soll sichergestellt werden, dass jeder Mitarbeiter auch die notwendigen Informationen an andere Stellen weitergibt. In der »Allgemeinen Führungsanweisung« werden Definitionen und Regelungen getroffen über Themen wie Anregung, Anweisung, Information, Dienstweg, Beschwerde und andere mehr. Für sich genommen sicher verständliche und oft sinnvolle Hinweise, in der Summe aber belasten sie mehr, als dass sie nützen.

Die Kritik an der Bürokratie kommt aus der Praxis, und nach meiner Erfahrung ist die Kritik der Praxis meist berechtigt. Wichtig ist dann, wer sich durchsetzt. Wenn sich der bürokratisch Orientierte oder der Misstrauische durchsetzt, dann entstehen die entsprechenden Verfahren und Regelungen.

Ständige Verbesserungen im Detail: Kaizen bei ALDI

In der modernen Managementsprache heißt die Mission zu permanenten Verbesserungen im Detail »Kaizen«, bei Volkswagen heißt diese Methode »KVP^2« (Kontinuierlicher Verbesserungsprozess »hoch 2« oder zum Quadrat), und VW-Manager Ignacio Lopez ist damit berühmt geworden. Was heute modern in neuen Begriffen daherkommt, ist bei ALDI ein alter Hut, eine fest verankerte Kultur, die sich durch Vorleben und Beispiele täglich erneuert.

Kaizen ist eine ALDI-typische Methode. Kaizen meint die ständige Verbesserung aller Dinge im Unternehmen, insbesondere der Produktions- und Logistikprozesse. Dieses Verfahren ist bei vielen Unternehmen schwierig durchzusetzen bei ALDI findet man dafür eine einfache Lösung: Jeweils eine ALDI-Gesellschaft ist für bestimmte Aufgaben zuständig. So bekommt eine große Anzahl von oberen und mittleren Führungskräften zusätzliche interessante Aufgaben.

Ein Lagerleiter übernimmt bei ALDI beispielsweise (neben seiner Hauptaufgabe, der Führung eines Zentrallagers) die Zuständigkeit für die Flurförderfahrzeuge. Er bemüht sich, ständig Verbesserungen zu erzielen, eine vollständige Marktübersicht zu erhalten, Gespräche mit den bedeutenden Herstellern zu führen, organisatorische Verbesserungen aller Art zu erfinden. Dazu kann er sich eine kleine Arbeitsgruppe zusammenstellen, mit der er permanent zusammenarbeitet. Auf diese Weise entstanden im Übrigen die Flurförderfahrzeuge mit zunächst zwei und später drei Paletten auf der Gabel – damals eine Innovation, heute überall im Einsatz. ALDI hätte vermutlich eine Reihe von Patenten anmelden können.

Für diese Arbeitsweise bei ALDI gibt es sicherlich an die hundert Beispiele, etwa die Zuständigkeit eines Verkaufsleiters für die Stellenbeschreibung der Verkaufsleiter – und damit für die wesentlichen Aufgaben einer Position – oder für die richtige technische Ausstattung und die Größe von Kühlregalen in den Läden.

Darum gibt es bei ALDI keine Stabsabteilung

Fast überall lassen die Unternehmensleitungen ihre schwierigen Themen von Stabsabteilungen bearbeiten, lösen und vorentscheiden. Stabsabteilungen erarbeiten Konzepte am grünen Tisch, meistens ziemlich theoretisch orientiert. Die »High Potenzials« mit exzellentem Examen von Top-Universitäten und Praktikum bei Consulting-Unternehmen entwerfen komplexe Lösungen. Zur Umsetzung und späteren Pflege dieser Komplexitäten braucht man wiederum neue High Potenzials in den Stäben, da andere die theoretischen Konzeptionen der Consultants nicht verstehen. Dabei wird nicht nur der Abstand zwischen Oben und Unten vergrößert, es geht auch das Verstehen durch Sprache und damit die Verständlichkeit verloren. Helmut Maucher, der große Nestlé-Chef fragte einmal: »Löst ihr meine Probleme, oder seid ihr selbst das Problem?«

In der ALDI-Organisation gibt es keine starken Zentralbereiche wie Marketing, Controlling, Public Relation und vor allem: Es gibt keine Stabsstellen. Denn ein Schlüssel zur Gestaltung von einfachen Systemen ist Dezentralisation, die ALDI meisterhaft beherrscht. Größe und Wachstum von Unternehmen schaffen zunächst automatisch Komplexität. Die Antwort der Mitarbeiter und Manager darauf ist meist der Aufbau komplexer Systeme und Strukturen. Stabsabteilungen sind ein typisches Mittel des Versuches, Komplexität zu bewältigen. Diese Denkweise ist der entscheidende Fehler.

Wichtig ist vielmehr, die Organisation, das Unternehmen arbeitsfähig zu halten. Das bedeutet in erster Linie, Abläufe und Sachverhalte den vielen, oft zigtausend Mitarbeitern verständlich zu machen; denn die sind letztlich die wirklichen »Macher« in jedem Unternehmen. Verständlich macht man sich, indem man sich einfach ausdrückt und verständlich, übersichtlich, einfach organisiert.

Ein Ergebnis des Verzichts auf Stabsstellen: Noch mehr Detailbesessenheit

Ein so stark auf Kostenbewusstsein ausgerichtetes Konzept wie das von ALDI praktizierte braucht Mitarbeiter, die sich für praktische Details interessieren und nicht über Marketing im Jahre 2010 nachgrübeln. Dieses Detailinteresse wird bei ALDI dadurch gefördert, dass das Unternehmen keine Stabsabteilungen kennt. Bei ALDI haben viele Mitarbeiter, die in Linienfunktion ihrem gewohnten Tageswerk nachgehen, zusätzliche interessante Aufgaben erhalten, die in anderen Unternehmen eher Stabsabteilungen übertragen werden. ALDI liefert damit ein Beispiel für »Job Enrichment« (Bereicherung des Arbeitsplatzes und des Aufgabengebietes) im Sinne der Motivationstheoretiker.

Erst bei der Umsetzung werden Mängel, aber auch personelle Widerstände deutlich. Deshalb ist es wichtig, dass die Unternehmen zu »Umsetzungsunternehmen« werden. Kluge, vorbereitende Arbeitsweisen mit Beteiligung der Betroffenen und mit der führenden Hand von Machern und Praktikern können den Erfolg sichern helfen. ALDI hat viel probiert, getestet und *konsequent einfach* geregelt. Gute Manager wissen, dass die Umsetzung von Projekten oder Maßnahmen dann schon halb erledigt ist, wenn man von Anfang an jene Mitarbeiter an den Veränderungsprozessen beteiligt, die später mit diesen Themen zu tun haben werden und die in der Regel auch wertvolle Beiträge zum Problemlösungs- und Entscheidungsprozess leisten können. Dabei dürfen grundsätzlich keine Grenzen nach unten bestehen – gerade die Ausführungsstufen einfachster Arbeiten sollten integriert sein.

Das notwendige Wissen in einem Unternehmen und bei seinen Mitarbeitern ist bereits vorhanden. Das gesammelte Wissen vieler Mitarbeiter, die als Einzelpersönlichkeiten einen Schatz an Informationen, Fakten, Ideen, Erfahrungen und Erkenntnissen zusammentragen können, ist in jeder Firma größer als allgemein angenommen wird. Es bedarf lediglich einer Organisation, eines besonderen Klimas, einer Kultur, um diese Schätze zu heben. In vielen Unternehmen gibt es ein Vorschlagswesen. Doch eine wirkliche Erfolgskultur ist diejenige, wo die Mitarbeiter ihre Vorschläge von sich aus machen und sie sogar selbst an neue Mitarbeiter weitergeben. Und der Erfolg, der sich einstellt, wenn das Interesse für Details vorhanden ist, fördert die Motivation; denn Erfolg ist und bleibt der größte Motivationsfaktor.

Oft geht es nur um einfache handwerkliche Lösungen, um praktische Ideen, die sofort ausprobiert werden können. Wissenschaftler oder »Beratungs-Gurus« werden dann gebraucht, wenn man sich über die Grundlagen des Unternehmens nicht im Klaren ist oder Spezialfragen zu beantworten sind. Handwerkliche Professionalität ist die Methode, die letztlich auch zur Kostenführung von ALDI entscheidend beigetragen hat. Damit hat ALDI sich seine »Strategischen Erfolgspositionen« im Sinne Cuno Pümpins erarbeitet. Diesen strategischen Wettbewerbsvorteil hat ALDI sich auf lange Zeit gesichert. Mit der dominierenden Fähigkeit zu einfachen Lösungen, die immer wieder zu extrem niedrigen Kosten führten, ist ALDI der Konkurrenz um viele Jahre voraus. Diese Fähigkeit ist nur schwer zu entwickeln, aber auf keinen Fall einfach zu kopieren.

Ein Beispiel: Unerbittliche Konsequenz und der Verzicht auf alle Verlockungen hat ALDI einen Kostenvorsprung bei den Ladenmieten eingebracht. Da Mietverträge oft über zehn Jahre laufen, braucht es eine lange Zeit, bevor Mitbewerber sich den Spitzenwerten von ALDI annähern können. Bei manchen Filialunternehmen machen die Ladenmieten 30 Prozent der betrieblichen Kosten aus. Im neuen Zentrum am Potsdamer Platz in Berlin ist ALDI jetzt mit einem Laden im Basement vertreten. ALDIs Miete wird weit unter denen der anderen Mieter liegen, ist ALDI doch für die anderen ein Kundenmagnet, ein Frequenzbringer. Also, selbst an hervorragenden Standorten eine niedrige Miete – oder: Verzicht.

Geheimnis 5: Versuchen Sie nicht krampfhaft zu optimieren – Maximieren Sie einfach!

Perfektionismus – Krampf – Scheinlösungen bestimmen die Optimierungen überall

Das Maximum an Umsatz oder Produktivität ist immer eine einfache Größe. Ebenso das Minimum an Kosten. Sich daran zu orientieren – wie es ALDI tut – ist klarer und einfacher, als wenn man immer noch viele Nebenbedingungen oder viele Zusatznutzen bedienen und an jeder Ecke noch eine kleine Optimierung realisieren möchte, wenn man es allen gerecht machen und dazu jeden Fehler vermeiden will.

Die Deutsche Bahn pflegt Komplexität

Seit Dezember 2002 gibt es bei der Bahn ein neues Preissystem. Eine Expertengruppe hat viele kluge und auch dumme Überlegungen angestellt, um für die Bahn ein Optimum zu gestalten. Manches ist zweckmäßig, manches fraglich, vieles kompliziert, nichts einfach. Auf jeden Fall hat die Expertengruppe der Bahn optimiert und noch einmal optimiert. Computersimulationen haben den gesunden Menschenverstand besiegt. An nur zwei kleinen Beispielen wird deutlich, dass es einfachere Lösungen gibt:

Rabatte bei Buchungen vor Fahrtantritt:

Bei Buchung ein Tag vor Fahrtantritt gibt es einen Rabatt von zehn Prozent, bei drei Tagen vorher 25 Prozent, bei sieben Tagen vorher 40 Prozent. Eine Vereinfachung wäre es, wenn ein Rabatt für nur zwei Möglichkeiten angeboten würde, etwa für zwei und sieben Tage vorher. Mit drei Varianten wollte man weiter optimieren und perfektionieren. Komplexität aber wird verringert, wenn die Anzahl der Elemente reduziert wird. ALDI hätte Verzicht geübt und eine Lösung gewählt, die ein Maximum an Produktivität für das Unternehmen bedeutet hätte. Damit wäre letztlich auch der Kostenstruktur und den Kundenvorstellungen nach gleichmäßiger Auslastung der Züge und geringen Preisen gedient gewesen.

ALDI hätte es also eher so gemacht wie die Franzosen mit ihren Tarifen für den TGV. Dort gibt es eine einfache Preispolitik, die sich ausschließlich an der jeweiligen zeitlichen Nachfrage nach Plätzen orientiert. Freitags nachmittags ist es teurer als spät am Abend. Und Farben auf dem Fahrplan zeigen, welcher Zug günstig oder teuer ist. Unabhängig von der Zweckmäßigkeit solcher Preispolitik, das ist ein einfaches System.

Stornogebühr bei Buchungsänderungen:

Bis zu 45 Euro (am Reisetag) muss der Reisende als Sanktion zahlen, wenn er nicht den gebuchten Zug nutzen will. Damit will die Bahn Luftbuchungen vermeiden. Die Bahn misstraut ihren Kunden und nimmt an, dass diese aus reinem Vergnügen Luftbuchungen vornehmen würden. Die Bahn erwägt nicht die Möglichkeit, dass dringende Gründe im Normalfall zu solchen Änderungen führen. Sie testet nicht, in welchem Umfang solche Stornierungen vorkommen können, also ob es sich um ein relevantes Thema handelt. ALDI hat die Erfahrung gemacht, dass Kunden die großzügige Abwicklung von Reklamationen nicht ausnutzen. ALDI hat das Vertrauen seiner Kunden erworben, und die Kunden honorieren das. ALDI hätte ein Maximum an Kundenzufriedenheit und ein Maximum an Einfachheit angestrebt. Die Bahn dagegen hat kein Vertrauen in ihre

Kunden. Vertrauen aber ist ein wichtiges Mittel zur Reduktion von Komplexität (Niklas Luhmann). Die Experten der Bahn haben optimiert, was sich allein wiederum daran zeigt, dass es drei Sanktionsstufen geben muss. Heiliger Gott der Perfektion: Die Reisenden werden es danken.

Bei ALDI hätte Klarheit zum Verzicht auf zu viel Vielfalt, auf zu viele Differenzierungen und auf scheinbar perfekte Optimierungen geführt. Am Anfang muss der maximale Nutzen für den Kunden stehen, dann sollte man überlegen, wie das in Einklang mit anderen Zielen und Möglichkeiten des Unternehmens gebracht werden kann. Erst Klarheit – dann Verzicht.

Das Gebührensystem der Dresdner Bank

Auch die High Potentials in den Optimierungsabteilungen der Dresdner Bank konnten mangels Klarheit nicht auf Verwirrung ihrer Kunden verzichten. In 2002 wurde das Gebührensystem für die laufenden Konten geändert: Die bisherige Grundgebühr von 6,14 Euro wurde verringert auf 5,00 Euro für solche Kunden, die ein Wertpapierdepot von über 10 000 Euro unterhielten. Wer mit seiner Einlage unter dieser Grenze lag, muss eine Erhöhung der Pauschale von 6,14 auf 7,00 Euro in Kauf nehmen. Allerdings waren bisher alle Geschäftsvorfälle mit der Pauschale abgedeckt. Jetzt muss für jede Buchung ab dem 31. Geschäftsvorfall 0,25 Euro zusätzlich gezahlt werden. Das gilt für beide Kundengruppen. Geheimnisvoll bleiben die Gedanken der Optimierer. Irgendetwas zum Vorteil der Bank werden sie sich errechnet haben, mit einer kleinen Alibisenkung für die »Besservermögenden«.

Nicht zu vermuten ist, dass sich der Dresdner Bank Vorstand selbst mit solchen Details ausreichend beschäftigt hat. M&A-Projekte sind bestimmt wichtiger als die Preispolitik. Bei ALDI wäre das ein Kernthema für alle Manager gewesen. Man hätte versucht, einen minimalen Preis zu finden, der dabei den Geschäftsabläufen gerecht geworden wäre.

Auch McKinsey macht es kompliziert

McKinsey zeigt, wie man mit einer optimierten Strategie das Ergebnis steigern kann *Lebensmittel-Zeitung* 25.10.2002. Erfahrungen aus zehn Jahren Projektarbeit zum strategischen Preismanagement werden in einer Studie dargestellt.

Dabei seien detaillierte Informationen aus anspruchsvollen und aufwändigen Marktanalysen der Marktstruktur und -dynamik notwendig. So sollte sich also nach den Empfehlungen von McKinsey sicherlich auch ein ALDI folgende Informationen beschaffen über:

- die makroökonomische Entwicklung (BIP pro Kopf, Arbeitslosenrate, Sparquote, Inflationsrate, Wechselkurs),
- das Kategoriewachstum,
- die Entwicklung der Produktnachfrage beziehungsweise das Produktangebot innerhalb der Kategorie,
- die Veränderung der Industriekostenkurve beziehungsweise des Profitpools,
- die gesetzlichen Rahmenbedingungen sowie
- die segmentspezifischen Trends.

Viele weitere Faktoren zählen die McKinsey-Autoren Konrad Gerszke, Michael Junghans und Thomas Tochtermann noch auf.

Ein wesentlicher Grund, warum ALDI erfolgreich ist: Über Jahrzehnte hat ALDI diese Schlaubergereien ignoriert. ALDI hat seine Ziele immer wieder versucht zu maximieren, und das ist ziemlich einfach nach der folgenden Vorgehensweise.

Maximaler Umsatz

Die richtigen Artikel ausprobieren und verkaufen. Da muss man nicht das Bruttoinlandsprodukt untersuchen. Da muss man nicht mit *Customizing* die ideale Kundengruppe (im Alter zwischen 20 und 59 mit zwei Kindern und mittlerem Einkommen) erforschen. Dafür muss man den Artikel auswählen, der den höchsten Umsatz erzielt.

Minimale Kosten

Die geringsten Personalkosten in einem Laden erreicht man dann, wenn man zum Beispiel an der Kasse die höchste Produktivität erreicht, also viele Kunden in möglichst kurzer Zeit abfertigen kann. Das wird dann erreicht, wenn die Kassensysteme (Artikelnummern-Kassierung oder Scanner) möglichst schnell sind. Man muss sich konzentrieren auf die wesentlichen – möglichst *den* wesentlichen Einflussfaktor. An diesem Detail muss man arbeiten, immer wieder, täglich.

Aber diese Mühsal versucht man in vielen Unternehmen zu umgehen, indem man komplexe Software einsetzt, die alles automatisch regelt. Diese Software und andere Systeme sind dann verantwortlich für die – meistens schlechten – Ergebnisse, nicht die Chefs. So wird auf allen Ebenen optimiert, im Einkauf, in der Logistik, in der Preispolitik (Deutsche Bahn und Dresdner Bank). Zur Zeit – das ist modernes Management – optimiert man den Kunden.

Krampfhafte Rabattpolitik

Es gibt viele Ideen, die der Handel hier entwickelt hat, um seine eigenen Kreativitätslücken auf den konzeptionellen Feldern zu schließen. Scheinbar schlaue Rabatterfindungen sollten den Einkauf optimieren:

- *Auslistungsverhinderungsrabatte:* Von der Industrie werden Beiträge dafür verlangt, dass ein im Sortiment vorhandener Artikel weitergeführt und nicht ausgelistet wird.
- *Neueinlistungsgelder:* Für die Aufnahme eines neuen Artikels in das Regal muss die Industrie etwas zahlen.
- *Jubiläumsprämien:* Wenn ein Handelsunternehmen Geburtstag hat – sei es der zehnte oder vielleicht auch der fünfunddreißigste – dann erwartet man ein finanzielles Geburtstagsgeschenk; Edeka verschickte zu ihrem 90. Geburtstag Spendenaufrufe an die In-

dustrie: »... wenn Sie uns einen einmaligen Betrag von 50000 Mark zur Verfügung stellen, kann das Umsatzfeuerwerk im Herbst wie geplant über die Bühne gehen...«[11]

- *Zuschüsse zur Eröffnung eines neuen Zentrallagers:* Ein neues Lager des Händlers kostet viel Geld, da braucht man Sponsoren.
- *Unterstützung der Auslandsexpansion:* Wenn der Lieferant berechtigte Hoffnung auf seinen »eigenen Auslandseinsatz« durch Führung seiner Artikel erhalten möchte, so sollte er einen Investitionsbeitrag leisten; dieser ist allerdings vielleicht auch schon dadurch »berechtigt«, dass der Lieferant seine Geschäfte im Inland bis auf weiteres »fortführen darf«.
- *Ladenöffnungszeitenverlängerungsrabatt:* Nach der Änderung des Ladenschlussgesetzes in Deutschland mit einer Verlängerung der Ladenöffnungszeiten von 18.30 auf 20 Uhr erhält der Lieferant die »große Chance«, seine Ware für eineinhalb Stunden länger in den Regalen des Handels »ausstellen« zu dürfen.
- *Umsatzausfallvergütung:* Wenn wegen Nichtlieferung oder verspäteter Lieferung (fehlende Artikel in den Läden) Umsatzverluste entstehen, so wird hierfür Schadenersatz geltend gemacht. Da solche Zusammenhänge aber nur schwer nachweisbar und quantifizierbar sind, werden ersatzweise sogar Pauschalvergütungen dafür gefordert.
- *Juniorenrabatt:* Das ist die neueste Kreation des Handels. Laut *Lebensmittel-Zeitung* vom 30.5.1997 gibt es eine mündliche Forderung der Firma Tengelmann an die Industrie, für den »reibungslosen Generationswechsel« von Erivan Haub zu seinem Sohn Karl Erivan einen Juniorenrabatt zu gewähren.
- *Zukunftsbonus:* eine Erfindung des »Nürnberger Bundes«. Die langjährigen Industriepartner der kürzlich durch einen Vergleich gerade noch geretteten Genossenschaft für den Einkauf von Haushaltswaren sollen sich an der strategischen Neuausrichtung mit einer einmaligen Bonuszahlung beteiligen. Die gleichen Lieferanten hatten teilweise zuvor mit einem Forderungsverzicht das Unternehmen gerettet[12].

Dagegen klingen einige konventionelle Rabatte regelrecht harmlos:

- Sofortabzugsrabatt
- Bezugsmengenstaffel
- Artikelgruppenrabatt
- Artikelsofortrabatt
- Nachträgliche Artikelvergütung
- Aktionsrabatt
- Nachträglicher Bonus
- Steigerungsbonus
- Leistungsvergütung
- Zentralvergütung
- Kleinstreklamationsvergütung
- Vergütung für Sortimentszuwächse
- Vergütung für Verkaufsflächenzuwächse
- Medienbezogene Vergütung
- Verkostungskondition

Die Industrie fühlt sich gezwungen, dem Handel nachzugeben, aus Angst, die Geschäftsverbindung aufgeben zu müssen. Grund ist vielfach, dass die Produkte selbst austauschbar sind, sich zu wenig voneinander unterscheiden, zu wenig differenzierten Nutzen für den Verbraucher enthalten, kurzum: Die Frage, warum der Handel das Produkt führen sollte, kann nicht klar beantwortet werden. Innovationen fehlen. Aber einige Unternehmen, wie zum Beispiel Ferrero, bewältigen diese Aufgabe mit Bravour, hohen Umsätzen, guten Gewinnen und einer starken Stellung gegenüber dem Handel. Kaum ein Unternehmen der Lebensmittelbranche hat so starke und besondere Marken wie Ferrero (Überraschungseier, Nutella, Mon Chéri, Rocher, Raffaelo).

Die tieferen Gründe für solch unfassbare Rabattpolitik liegen nicht in der Schwäche der Industrie generell. Der wahre Grund liegt meiner Meinung nach vielmehr in strategischen Fragen sowie in Führungs- und Organisationsmängeln.

Bei ALDI gibt es eine solche »optimierte Rabattpolitik« nicht.

Dort heißt es Einkaufspreis netto/netto – nach Abzug aller Nachlässe, die den Einkäufer gar nicht interessieren. Dort konzentriert man sich auf Wesentliches, nämlich darauf, was das Bedürfnis des Kunden ist, auf die ureigenste Mission des Unternehmens. Die Folgen solcher Politik des Handels sind einfach:

Komplexer Rabatt + schwache Mission = kleiner Erfolg
Einfacher Rabatt + starke Mission = großer Erfolg

Mit Qualitätsbewusstsein zum maximalen Produktwert

Eigenmarken erfordern den selbstbewussten, den aufgeklärten Verbraucher: Qualität und Preis als rationale Argumente gegen das irrationale Argument »Marke«. Oder, wie Papprotta/Schneider es formulieren: ALDI-Kunden haben es nicht nötig, ihr Selbstwertgefühl aus dem Etikett zu beziehen. So führte ALDI die ostdeutsche Biermarke Radeberger Pils, ein Import aus der ehemaligen DDR, schon vor mehr als zwanzig Jahren – heute eine auch in Westdeutschland stark verbreitete Biermarke. Die Kunden haben schon damals die Qualität geschätzt, natürlich gestützt durch die spezifische ALDI-Preispolitik.

Verbraucher sind sehr gut in der Lage, eigenständig Qualitäten zu beurteilen und sich unabhängig von Werbekampagnen für Marken zu machen. Eileen Shapiro beschreibt in *Trendsurfen in der Chefetage* den Übergang vom Zeitalter der Markentreue zur Ära des Produktwertes. Der Erfolg der ALDI-Eigenmarken belegt diese These deutlich: Der Produktwert steht im Vordergrund.

Zunehmend stellen bald alle bedeutenden Produzenten Eigenmarken oder Handelsmarken her. Der Eigenmarkenanteil in Deutschland wird schon auf fast 40 Prozent geschätzt – unter Einbeziehung der echten ALDI-Zahlen dürfte dieser Anteil noch bedeutend höher liegen. Alle Statistiken und Untersuchungen zur Markenentwicklung in Europa zeigen stark steigende Anteile der Eigenmarken. Und je stärker die Konzentration und damit die Unternehmensgröße im Handel ist, desto mehr entwickeln sich die Eigenmarken. Dies ist für manche Hersteller schon seit vielen Jahren eine große Chance, aber auch ein Problem für die Markenartikelindustrie, die erheblich in Forschung und Entwicklung investiert und sich diese Investition gern über hohe Preise bezahlen lassen möchte. Mit Handelsmarken kann die Industrie allerdings oft höhere Deckungsbeiträge erzielen, wenn man den hohen Werbeaufwand und die hohen Promotionskosten berücksichtigt, die den Markenartikel belasten.

Viele Hersteller produzieren die Handelsmarken für praktisch alle Discounter und Lebensmittelketten. Den Bauer-Joghurt gibt es als Eigenmarke bei Rewe (Penny, Minimal, Toom, HL), bei Plus, bei Lidl und bei der Metro (C+C, Real, Supermärkte). In Zukunft wird es zu den großen Aufgaben von Handel und Industrie gehören, diese Produkte zu differenzieren, insbesondere nach Qualitäten. Das Produkt muss auch als Eigenmarke mehr sein als der bloße Name.

Maßgeblich für die erfolgreiche Qualitätspolitik von ALDI ist zweierlei: Das Qualitätsniveau der Artikel orientiert sich an den führenden Markenartikeln. Unterschiede im Einkaufspreis für unterschiedliche Qualitäten sind grundsätzlich kein Entscheidungskriterium. Für die bessere Qualität wird auch der höhere Einkaufspreis akzeptiert. Es geht bei ALDI niemals um eine optimale, das heißt eine zum Preis passende Qualität, sondern immer um eine maximale Qualität.

Qualitätskontrolle

Ein weiterer entscheidender Punkt für den Erfolg von ALDI ist die konsequente Qualitätskontrolle. In jeder ALDI-Gesellschaft ist es üblich, dass die leitenden Mitarbeiter der Zentrale sich meistens um die Mittagszeit zum Qualitätstest treffen. Täglich finden Blindverkostungen der eigenen Marken und der führenden Markenartikel statt.

Immer wieder täuschten sich Mitarbeiter – manchmal auch Gäste oder gar Bewerber, die sich gerade für eine bestimmte Position vorstellten. Es gilt ganz einfach die Weisheit, dass wir dazu neigen, »Etiketten zu trinken« oder »Banderolen zu rauchen«. Manche Menschen behaupteten, sie würden die originale Coca Cola unter hundert Produkten herausfinden. Beim Qualtitätstest in der ALDI-Zentrale hatten sie dann aber durchaus die ALDI-Eigenmarke auf Platz 1 und ihre Coca Cola auf Platz 2 oder 3 platziert. Ein Lieferant von Korn behauptete, sein Produkt »durch die Flasche« riechen zu können. Beim Test landete sein Produkt auf dem 3. Platz. Auf Platz 1 kam ALDI, auf Platz 2 ein Wodka (!), was der Fachmann gar nicht bemerkt hatte. Wie die kleinen Kinder verbrachten wir manche halbe Stunde damit, Nutella Schokokrem mit der Eigenmarke und anderen Marken zu verkosten. Da muss man schon manchmal fünf- oder sechsmal hin- und herprobieren, um ein einigermaßen sicheres Urteil abgeben zu können. Das waren die Maßstäbe.

Darüber hinaus haben der Einkauf und die Warenannahme in jedem der über 60 Lager ihre Pflichten zu erfüllen: Dazu gehören sensorische Prüfungen, Laboranalysen – natürlich bei Fremdlabors –, aber auch Gewichtsprüfungen oder gar zu zählen, ob die Toilettenpapierrolle auch wirklich die ausgelobten 200 Blatt hat. Von allen Kontrollen werden entsprechende Protokolle angefertigt. Einige Beispiele:

- Bei Obst-, Gemüse- und Fischkonserven werden von jeder eingehenden Partie Muster gezogen.
- Bei Frischobst werden ebenfalls von jeder eingehenden Partie Muster gezogen und Einzelstücke auf Gewicht kontrolliert.
- Jede Woche werden mindestens zwei Wurstprodukte kontrolliert.

- Bei Papierwaren wird jedes Produkt mindestens einmal pro Monat geprüft.
- Bei Eiern erfolgen die Gewichts- und Qualitätskontrollen von jeder eingehenden Partie nach besonderen detaillierten Regeln.
- Täglich werden allgemeine Gewichtskontrollen durchgeführt, für die einige Artikel mit einer bestimmten Anzahl von Exemplaren ausgewählt werden.
- Im Rahmen der Tageskontrolle werden täglich zehn Artikel aus dem Lagerbestand geprüft.
- Jeder Einkäufer führt in der ihm zugeordneten Artikelgruppe Qualitätsvergleiche mit Konkurrenzartikeln durch.

Kaum ein Mitbewerber von ALDI dürfte an dieses Maximum an Qualitätskontrollen heranreichen, zumindest hat der Autor dies bislang nicht erlebt. In diesem umfangreichen und aufwändigen Kontrollsystem liegt auch die Sicherheit begründet, mit der sich ALDI selbst sowie seine Kunden auf die Qualität der Produkte verlassen konnten. Auf diese Weise schaffen Eigenmarken Vertrauen in ein Handelsunternehmen. Das ist die Grundlage, um sich von Lieferanten unabhängiger zu machen.

In den Einkaufsbedingungen verpflichtet ALDI seine Lieferanten zu bestimmten Gewährleistungen. Zum Beispiel: »Der Lieferant versichert, dass er den Herstellungsprozess, über eine sorgfältige Auswahl und Beaufsichtigung seines Personals hinaus, so eingerichtet hat, dass die Möglichkeit von auch unbeabsichtigten Verfälschungen, jedenfalls aber eines Verkaufes verfälschter oder irreführend bezeichneter Waren, ausgeschlossen ist«. Oder: »Der Lieferant legt spätestens einen Monat nach der Erstlieferung ein Untersuchungsergebnis eines unabhängigen Untersuchungsinstitutes vor.«

In Sachen Frische ist ALDI kaum zu übertreffen. Wegen der hohen Umschlagsgeschwindigkeit kann praktisch kein Mitbewerber frischere Ware haben. Besonders deutlich wird das bei verpacktem Brot: Tägliche Lieferung und hoher Umsatz sind die Gründe. Natürlich schützt dies ALDI nicht vor manchen Vorurteilen, damit muss auch ALDI leben. So zitierte die *Lebensmittel-Zeitung* in einer ihrer »Verbraucherrunden« eine Kundin, die meinte, »die Eier seien beim ALDI nicht so frisch«. Ohne jeden Zweifel ist das Gegenteil richtig. Nirgendwo sind sie frischer. Nirgendwo werden Eier intensiver auf Frische und Qualität geprüft – bei jeder Warenanlieferung. Auch hier werden die immensen Vorteile der geringen Artikelzahl deutlich, die es ermöglicht, jeden einzelnen Artikel mit einem hohen Maß an Aufmerksamkeit auf Qualität und Frische zu kontrollieren.

Zur Umsetzung des Qualitätsprinzips bei ALDI gehört auch, dass der Filialleiter eigenmächtig keine Reklamation eines Kunden ablehnen darf. Reklamationen werden außerordentlich großzügig behandelt. In wirklichen extremen Zweifelsfällen muss der Filialleiter seinen Vorgesetzten, den Bezirksleiter, um eine Entscheidung bitten. Anders als viele glauben möchten, hat ALDI die Erfahrung gemacht: Kunden nutzen diese Großzügigkeit selten schamlos aus.

Die verlässliche, gleichbleibende einwandfreie Qualität war und bleibt entscheidend für den ALDI-Erfolg. Eine solch konsequente und kompromisslose Qualitätspolitik erfordert eine bestimmte Unternehmenskultur und diese wiederum Menschen, die so denken, fühlen und handeln.

Geheimnis 6: Suchen Sie Orientierung – Verzichten Sie auf Budgets und Zahlenfriedhöfe

Budgets: Die größte Verschwendung von Managementkapazität

Planung im Sinne einer Budgetierung ist in begrenztem Maße sinnvoll. Etwa, wenn es darum geht, die Aufsichtsgremien über die Erwartungen für das kommende Geschäftsjahr zu informieren. Doch dafür genügt in der Regel eine Globalplanung von Kosten und Erträgen auf Basis des Vorjahres. Ebenso ist in bestimmtem Umfang nach einzelbetrieblichen Gegebenheiten eine Finanz-, Liquiditäts- und Personalplanung erforderlich.

Doch wie überflüssig die Planerei sonst ist und wieviel Aufwand vermieden werden kann, zeigt das Unternehmen, das fast alle mit ebenso viel Bewunderung wie Unverständnis bestaunen: ALDI. Dieser wohl erfolgreichste Lebensmittelfilialist der Welt zeigt, wie mit fast vollständigem Verzicht auf Planung und den damit verbundenen Aufwand ein Umsatzvolumen von vielen Milliarden Euro erwirtschaftet werden kann.

Doch statt sich auf das Wesentliche zu konzentrieren, sich um Kundeninteressen zu kümmern und Geschäfte zu machen, treiben viele den größten Aufwand mit geringstem Nutzen und verlieren sich in ihren fiktiven Zahlenwelten, die sich früher oder später zumeist in Wohlgefallen oder auch in Missfallen auflösen. Bei ALDI wird nur mit sehr wenigen Zahlen gearbeitet, aber mit den entscheidenden wird auf die wichtigsten Betriebsabläufe konzentriert. Und dabei werden keine Planzahlen verarbeitet, sondern Ist-Daten, die einfach ermittelt werden können, einfach zu verstehen sind und klare Aussagen ergeben. Bei ALDI wird deutlich, dass erfolgreiche Unternehmensführung keinesfalls die bis zum Exzess geführten Planungsrechnungen braucht.

Ein alltägliches Beispiel aus der Praxis: Ein Vertriebsunternehmen ist in drei Verkaufsgebiete untergliedert. Im Juni ergeben sich die folgenden Abweichungen zum Plan:

Gebiet 1 (650 Kunden) – 5,2 Prozent
Gebiet 2 (750 Kunden) – 2,1 Prozent
Gebiet 3 (300 Kunden) – 6,3 Prozent

Welche Schlüsse sind nun aus diesen Ergebnissen zu ziehen? Hat Gebietsleiter 2 im Juni besser gearbeitet oder hatte er vielleicht den vorsichtigeren Planansatz? Wurden Konjunktur oder Wettbewerb falsch eingeschätzt? Warum gibt es gerade diese Unterschiede?

Bei einem einfachen Ist-/Ist-Vergleich könnte heruntergebrochen werden auf Gruppen und Einzelfälle mit stärkeren Abweichungen zum Vorjahr, zu Vormonaten oder zu vergleichbaren Gruppen oder Fällen. Hier wären mit Sicherheit Erklärungen möglich, weil dann Tatsachen mit Tatsachen verglichen würden.

Welche Ursachen für die Höhe der Planzahlen verantwortlich sind, zeigt folgendes Beispiel: Der Bezirksleiter Meier erntet das Lob seines Verkaufsleiters, weil er seinen künftigen Umsatz »unternehmerisch mutig« hoch angesetzt hat. Weil er dieses Lob erwarten konnte, plante er hoch. Bezirksleiter Müller erntet Kritik, weil er seinen künftigen Umsatz niedrig angesetzt hat. Er wird überredet, ihn zu erhöhen. Auch er hatte bereits seine Erwartungen an das Vorgesetztenverhalten. Beim nächsten Plan-Ist-Vergleich erntet Meier Kritik, weil er seine ehrgeizigen Ziele nicht erreicht hat. Müller dagegen wird gelobt, weil er seine Ziele – trotz eines vorherigen Zuschlags – überschreitet.

So oder ähnlich laufen Planungsprozesse in den Unternehmen ab.

Oft werden sie mit Riesenaufwand durch Analysen und Prognosen von Stabsabteilungen wissenschaftlich »objektiviert«. Müller und Meier haben zum größten Teil die Erwartungshaltungen ihrer Führungskräfte berücksichtigt. Für die Höhe von Planungsansätzen spielen die unterschiedlichsten Erklärungen eine Rolle, aber nur durch Zufall haben diese manchmal etwas mit der Wirklichkeit zu tun.

Interessant wird es dann, wenn mühevoll in Sitzungen – wiederum mit wissenschaftlichen Analysen der Stabsabteilungen – Abweichungserklärungen versucht werden. Die vielen verschiedenen ursächlichen Annahmen sind kaum noch gegenwärtig. Die Gegenwart kann keine Erklärung für einen Planungsfehler geben. Die wichtigste Abweichungsursache liegt in der Planung selbst. Dazu folgende Thesen:

- Planung im Sinne der Budgetierung ist sinnvoll für die Grobinformation von Aufsichtsgremien (Aufsichtsrat, Beirat) über die Erwartungen für das nächste Geschäftsjahr. Eine Globalplanung ist in der Regel ausreichend.
- Planung ist sinnvoll für bestimmte Teilbereiche wie Finanzierung, Liquidität, Investition.
- *Planung ist unzweckmäßig als Maßstab für die laufende Kontrolle und Bewertung der Unternehmensergebnisse.*
- *Planung ist unzweckmäßig zur Erfolgskontrolle betrieblicher Maßnahmen und zur Beurteilung von Mitarbeitern und Abteilungen.*
- *Der hohe Zeit- und Kostenaufwand für die Planung ist nicht zu rechtfertigen.*
- *Die Maßnahmen eines ganzen Jahres können nicht in wenigen Wochen in allen Details vorausbedacht werden. Das ist tägliche Arbeit und nicht Aufgabe eines Kraftaktes im Herbst.*
- Besser geeignet sind Zahlen der Vorperiode (Vorjahr und -monat) und Vergleichszahlen gleichartiger Abteilungen oder Betriebe. Dort werden Tatsachen mit Tatsachen und mit eindeutig erklär-

baren Unterschieden verglichen und nicht unklare und teilweise willkürliche Annahmen mit einer ohnehin nicht immer leicht zu verstehenden Istlage.

- *Auf Planungsabteilungen und deren Kosten kann vollständig verzichtet werden.* Die verantwortlichen Linienmanager können mit Unterstützung des Rechnungswesens die wesentlichen Analysen kompetenter als jeder andere erstellen und vor allem sofort operationale Schlussfolgerungen ziehen.

Es gibt hervorragende Unternehmen, die auf derartige Planungen und die Verschwendung kostspieliger Managementkapazitäten völlig verzichten. Sie sparen Zeit, Geld und sind effizienter. Sie konzentrieren sich auf die machbaren Details mit dem Ziel permanenter Verbesserung. Diese Unternehmen sind – zeitgemäß ausgedrückt – lean. Das sind oft die »Hidden Champions« aus dem Mittelstand. Erich Kästner hat einen guten Rat für alle Budget-Verliebten:

»Lasst das Planen und bessert euch drauflos.«

Datenmassen analysieren oder unabhängig denken

Nie zuvor konnten Manager auf ein größeres Datenvolumen zurückgreifen – und selten fühlten sie sich schlechter informiert. Genau das ist das Thema – Nachdenken und Fantasieren sind die Notwendigkeiten! Und das gelingt besser, wenn ein Unternehmen keine Stabsstellen zum Nachdenken hat und vor allem keine Stabsstellen zum Analysieren von Datenbergen. Stabsstellen produzieren ungefragt drauflos. Neuerdings wurde das sogenannte Data Warehouse entwickelt, im Grunde eine nur noch umfangreichere Datenbank. Die Computerentwicklung schafft diese Möglichkeiten. Es gibt fast keine theoretisch denkbaren Daten, die man nicht auch über die Computer erfassen, speichern und weiterverarbeiten kann. Bei Wal-

Mart, dem größten Handelsunternehmen in der Welt, funktioniert das Data Warehousing bereits. Dieses System soll die größte kommerzielle Datenbank der Welt sein. Wenn die Wal-Mart-Manager dabei auf Sicht nur nicht ihre Ziele aus den Augen verlieren und ihre Fantasie in Zahlenkolonnen verschüttet wird. Daten erzeugen neue Daten, sagt man bei Wal-Mart. Sehr richtig gesehen!

Jack Welch, der legendäre langjährige Steuermann von General Electric, löst den Knoten der Datenvielfalt handlungsorientiert für seine Manager so:

»Den meisten Leuten helfen all die Daten nicht weiter. Was sie wissen müssen, ist: Welche strategischen Fragen muss ich beantworten? Welche Variablen sind zu berücksichtigen?«

Die vielen Daten helfen nicht weiter. Immer hat es sich um pure Neugier, um reine Beschäftigung, um das Vertreiben von Langeweile bei Managern gehandelt, die ohne klare und fordernde Ziele etwas verwalten. Es ist doch einfach nicht machbar, jeden Tag in Hunderten von Läden Tausende von Veränderungen im Sortiment vorzunehmen. Eine Illusion. Konzentration ist angesagt.

Empfehlenswert ist es, dass auch Geschäftsleitungen sich damit befassen, welche Statistiken das Unternehmen produziert. Jede Statistik muss angefertigt und von irgendjemandem, meistens sogar von vielen, gelesen werden. Das kostet Zeit und Geld. Manche Statistiken veranlassen sogar zu falschen Schlussfolgerungen, weil ihre theoretische Anlage fehlerhaft ist. Es kann angebracht sein, die Herstellung bestimmter Statistiken sogar einfach zu untersagen.

Die Lösung ist auch: Mut zur Lücke. Selber denken und probieren! Da kommt man gemeinsam schon auf das Wesentliche und Machbare, und zwangsläufig wird das Nebensächliche weggelassen. Und man wird schneller mit dieser Arbeitsweise. Alles ist mit Risiko verbunden. Aber schnell und zielgerichtet zu handeln, ist besser, als alles und jedes endlos zu prüfen. Daher der Hinweis auf den Mut zur Lücke, auf die Bereitschaft, auch mal etwas weglassen zu können und nicht immer alles vollständig prüfen zu müssen. Das erfordert Mut und Risikobereitschaft, natürlich in Verantwortung.

Weniger Zahlen zwingen zum Nachdenken und dazu, sich mit dem Artikel als solchem, mit dem Kunden und mit dem Laden an sich zu beschäftigen. Mit den Annahmen, die man sich zum Kundenverhalten vorstellen kann. Danach ist es sinnvoll, sich die vorhandenen, möglichst einfach aufbereiteten Zahlen anzusehen. Jede Zahl führt dann schon wieder zu interessanten neuen Fragestellungen. Leicht begibt man sich in eine Scheinwelt und in Sackgassen, wenn man zu zahlengläubig wird. Zu jeder Zahl gehören ja auch die konkreten Umstände, die zu ihrer Entwicklung beigetragen haben.

Neue Artikel aufzunehmen oder vorhandene aus dem Sortiment zu streichen, sollte im Systemzusammenhang »Sinn der Sortimentszusammenstellung« gesehen werden. Zu einem klaren Bild führt es in der Regel, wenn zunächst diese Überlegungen angestellt werden und dazu viele Fragen aufgeworfen werden. Dann erst sollte ein kleines eindeutiges Zahlenmaterial zur Abrundung der Entscheidung herangezogen werden. Zum Beispiel Absatzmengen, Umsatz, Einkaufspreise. Aber immer mit Vergleichszahlen als Maßstab.

Die Frage ist, ob es im Rahmen der Sortimentspolitik sinnvoll ist, Omo in den Größen zwei, drei oder vier Kilogramm zu führen. Es kann überlegt werden, was für den Kunden besser ist. Welchen Preisvorteil kann er haben? Ist für ihn ein höheres Gewicht unter Transportüberlegungen ein Hindernis? Welche Gewichtsklassen führt die Konkurrenz? Will man im Sortiment eher eine niedrigere Artikelzahl haben (zum Beispiel, weil man ein Discountgeschäft betreibt)? Welche Alternativen von anderen Marken mit ähnlichen oder anderen Gewichten gibt es außerdem im Sortiment? Mit welcher Strategie kann man beim Kunden den größten Erfolg erzielen? Was wünscht der Kunde wirklich?

Es ist auch interessant zu fragen, ob man sich die Artikelumsätze des Unternehmens monatlich (oder sogar wöchentlich) oder lieber quartalsweise ansehen sollte. Vieles spricht für das Quartal. Entwicklungen vollziehen sich grundsätzlich nicht sehr kurzfristig.

Kurze Perioden können Verfälschungen bringen. Die Politik des Unternehmens, hier die Sortiments- und Preispolitik, sollte grundsätzlich und daher längerfristig konzipiert sein, sodass kurzfristige Änderungen und hektischer Aktionismus vermieden werden. Und außerdem – fast ein Kernpunkt: monatlich bedeutet gegenüber quartalsweise die dreifache Datenmenge. Das kann dann zu oberflächlicher Arbeit im gesamten Sortiment führen, oder es werden wieder Assistenten, Stabsmitarbeiter und andere mit der Analyse beauftragt. Der große Vorteil bei ALDI mit einem System geringerer Datenmengen ist, dass sich die »Chefs« das auch selbst ansehen können und müssen.

Drei Illusionen zu Kosten und Komplexität

McKinsey-Berater Michael Roever diskutierte im *manager magazin*, 10/1991, drei Illusionen zum Thema Kosten und Komplexität, die im Folgenden verglichen werden mit der Praxis bei ALDI.

Die erste Illusion: »Wenn der Markt stagniert und Verdrängungswettbewerb droht, ist die Ausweitung des Sortiments durch Einbeziehung von Nischenkunden das absatzpolitische Instrument« (Komplexitat I). ALDI hat trotz Stagnation und Verdrängungswettbewerb sein Sortiment über Jahrzehnte nicht ausgedehnt und keine Nischenkunden gesucht. Das Sortiment wurde verändert unter dem Kriterium des Kundeninteresses.

Die zweite Illusion: »Wir sind ein großer Kunde; auf unseren Bezugslisten steht ein Riesenvolumen an Vorprodukten und Dienstleistungen. Wir tun gut daran, unsere Wertschöpfungsstufen zu erweitern, um die Gewinne unserer Lieferanten einzustreichen und andere Vorteile wie größere Liefertreue, Qualität und bessere Geheimhaltung mitzunehmen« (Komplexität II). ALDI orientiert sich an dem schlichten Grundsatz: »Schuster, bleib bei deinen Leisten.« ALDI verzichtet auf jegliche Eigenproduktion (außer Röstkaffee). Es gibt keine Importgesellschaft, keine Repräsentanz in Hongkong. Aber ALDI arbeitet mit Agenturen, die selbstverständlich für ihre Leistung einen Teil der Handelsmarge einstreichen und damit zunächst, rechnerisch am grünen Tisch, ALDIs Gewinn schmälern.

Die dritte Illusion: »Wir könnten unsere Konzerngröße richtig ausspielen, wenn wir Funktionen, die in vielen unserer Geschäfte oder sogar in allen vorkommen, in Zentralbereichen zusammenfassen und dabei Größenvorteile und ein hohes Maß an funktionalem Professionalismus einsetzen« (Komplexität III). Die ALDI-Organisation ist ein Musterbeispiel für Dezentralisation. Nur zentrales Cash Management, Einkauf und »ein wenig« Datenverarbeitung sind in zentralen Funktionen zusammengefasst. Denn die Erfahrung bei ALDI lehrt: Nicht die Zusammenfassung von Funktionen, sondern die Teilung bringt Kostensenkung! Im Übrigen scheint »Professionalität« in verschiedenster Hinsicht ein zweifelhafter Begriff zu sein.

Roever beschreibt den fatalen Weg der sogenannten Synergien, die Komplexität und Kosten bringen und fast immer eine Illusion bleiben. Wie wichtig ist es also, Verbesserungen an der täglichen Routine herbeizuführen!

Von Controllern unbemerkt: Fahrradzubehör im Lebensmittelhandel

Das Problem der Bewältigung einer großen Artikelzahl soll mit dem folgenden Beispiel der Artikelgruppe Fahrradzubehör in einem großen Verbrauchermarkt der heute zur Metro gehörenden »extra-Gruppe« noch einmal deutlich vor Augen geführt werden. Die Zahlen sind symptomatisch für die Unfähigkeit, diese Probleme zu lösen. Sie zeigen aber auch, welche großen Reserven hier vorhanden sind und welche Verschwendung darin liegt, sich nicht wirklich mit den Grundsätzen und den Details auseinanderzusetzen. Auf jeden Fall dürfte es für jede Unternehmensleitung ertragreicher sein, sich hiermit zu beschäftigen, als sich mit einem befreundeten Lieferanten zum Essen zu treffen oder einen Kongress zu besuchen, um das angeblich Neueste aus Wissenschaft und Praxis zu erfahren.

Der Verbrauchermarkt des Beispiels ist ein hochprofitabler Markt eines großen, sehr bekannten Lebensmittel-Filialunternehmens in Deutschland und liegt in einer norddeutschen Kleinstadt mit ländlicher Umgebung. Auf 2200 Quadratmetern Verkaufsfläche werden jährlich 13 Millionen Euro Umsatz erzielt. Gute Mietkosten und gute Personalleistungen führen zu überdurchschnittlichen Deckungsbeiträgen dieses Marktes zum Unternehmensergebnis. Der Non-Food-Anteil am Gesamtumsatz entspricht dem Durchschnitt vergleichbarer Märkte vieler Unternehmen, die oftmals vergleichbare Sortimente führen, also auch Fahrradzubehör.

In der Gruppe Fahrradzubehör werden insgesamt 182 Artikel geführt. Die Bestückung der Regale erfolgt durch sogenannte Rackjobber, also Lieferanten, die den Markt direkt besuchen, dort die Bestände pflegen und Nachbestellungen selbst vornehmen. Der Handel nimmt solche Serviceleistungen gern entgegen, weil sie ihn von aufwändigem eigenen Personaleinsatz entlasten. Außerdem ist der Rackjobber ja auch Fachmann, der die Aufgabe besser erledigen könnte. Die Fehler und Mängel haben allerdings nicht nur mit dem sehr ausgeprägten Eigeninteresse des Lieferanten und der mangelnden Kontrolle durch den Markt zu tun. Auch mit eigenen Mitarbeitern würden die Verhältnisse nicht viel anders sein, wenn man nicht mit besonderen Methoden, wie zum Beispiel den oben beschriebenen, arbeitete.

Zunächst – ohne bereits auf die Zahlen einzugehen – fällt in der Zusammensetzung des Sortiments einiges auf, und diese Feststellungen kann man treffen, ohne tiefer gehende quantitative Analysen anzustellen: Zum Sortiment gehören etwa ein Kettenschutz, Pedalen für Tourenräder, Lenker und zwei verschiedene Ausführungen von Satteln. Jeder halbwegs erfahrene Radfahrer weiß, dass er kaum jemals an seinem Fahrrad einen Lenker nachgerüstet hat oder den Kettenschutz austauschen musste. Wenn das aber doch einmal vorkommen sollte, so führte ihn der Weg in der Regel direkt zum Spezialisten mit der notwendigen Auswahl für einen meist komplizierten Fall, vielleicht mit Montage. Die Schlussfolgerung müsste also wohl sein, dass solche Artikel nicht im Sortiment zu führen sind. Man würde ja ohnehin immer mehr als eine Variante dieses verhältnismäßig hochwertigen Artikels führen müssen. Die Schlussfolgerung kann getroffen werden, ohne die Zahlen zu kennen.

Nun, die Zahlen bestätigen unsere Annahmen: Vom Artikel Kettenschutz wurden monatlich im Jahresdurchschnitt 0,3 Stück verkauft, von den Tourenpedalen 0,9 Stück. Dabei bleibt sogar noch fraglich, ob dies echte Verkäufe waren oder möglicherweise sogar die eine oder andere Form von Schwund, zu dem auch der Diebstahl gehört.

Der Kern des Problems wird jedoch an dem folgenden zahlenmäßigen Zusammenhang deutlich, der beweist, dass in der Führung solcher Betriebe einiges im Argen liegt: 182 Artikel werden im Sortiment geführt, davon 56 Artikel mit einem Umsatz unter einem Stück monatlich; diese Verhältnisse entsprechen mehr einem Juweliersortiment als einem Verbrauchermarkt, der üblicherweise auf den Massenkonsum mit schnell drehenden Artikeln ausgerichtet ist. Nur: Niemand kennt diese Zusammenhänge. Man beschäftigt sich zu wenig mit Details. Man fragt zu wenig, warum das Sortiment so aussieht und warum es gut ist, Rackjobber einzusetzen.

Neue kundennahe Verfahren sind viel wichtiger als die mühsamen Übungen, die in den Zentralen stattfinden, um die Datenfluten in den Griff zu bekommen. Bei »extra«, das die leidvollen Erfahrungen mit Kettenschutz und Pedalen machen musste, gab es eine gut ausgestattete Controlling-Abteilung. Sie sammelte alle Daten und ordnete sie perfekt. Zum Sortimentsproblem »Fahrradzubehör« hat weder diese Abteilung einen Zugang gefunden noch der verantwortliche Warengruppenmanager.

Mit den Daten von Scannerkassen kann man solche Missverhältnisse wie im obigen Fahrradbeispiel mehr und mehr in den Griff bekommen. Allerdings müssen sich immer Personen mit den Ergebnissen beschäftigen. Trotzdem gilt auch hier: Weniger ist oft mehr. Und das Nachdenken ohne Zahlen ersetzt immer noch manch komplizierte Analyse. Die »Zahnpasta-Philosophie« kann auch angewendet werden auf Fahrradpedalen und Fertigsuppen.

Von den Bäumen und dem Wald

Bei ALDI gibt es nur wenige, fast an einer Hand abzählbare Statistiken. Sie sind einfach, überschaubar und verständlich, überhaupt nicht wissenschaftlich. Nur die nötigsten Daten werden für das interne Kontroll- und Informationssystem aufbereitet. Man sieht immer noch den Wald trotz furchtbar vieler Bäume.

ALDI braucht keine Datenerhebungen und Analysen zur Ermittlung der »direkten Produktrentabilität« eines jeden Artikels. Bei ALDI weiß man, welche Informationen für das Geschäft wichtig sind, und auf diese kann man sich konzentrieren. Während die Mitbewerber noch kräftig ihre Zahlenkolonnen analysieren oder wochenlang die wichtigsten Mitarbeiter mit der Budgetplanung beschäftigen, ist ALDI mit dem Denken schon lange fertig und hat alles in die Tat umgesetzt.

Es ist fast unglaublich, wie schwer es vielen Führungskräften fällt, mit wenigen wesentlichen Daten ihre Ziele zu verfolgen. Dank moderner Analyseinstrumente und hochentwickelter Datenverarbeitungstechniken kann man heute alle nur denkbaren Daten erhalten und sie in jeder denkbaren Kombination miteinander verbinden. Und sich daran wunderbar im warmen Büro festhalten. Viele Manager lieben es, mit großen Zahlenmengen theoretische Erwägungen anzustellen. Der Lagerleiter einer ALDI-ähnlichen Organisation liebt seinen Personalcomputer, den er für seine Aufgaben gar nicht braucht. In vielen Konzernzentralen machen sich Handelsmanager noch immer ein Bild von ihrem Kunden in Form von Marktanteilen, Durchschnittseinkäufen und Kundenbonanalysen aus den Scannerkassen, die Aufschluss über Umsätze zu verschiedenen Tageszeiten und an verschiedenen Standorten geben. Man beschäftigt sich mit Regaloptimierungsprogrammen und Kundenlaufstudien. Doch *warum* der Kunde *was* kauft, bleibt unbekannt.

In den überall sehr umfangreichen Controlling- und Planungsabteilungen und in den Führungsetagen, die sich mit der Interpretation von Statistiken beschäftigen, sollte eine tiefgreifende Einsicht des deutschen Physik-Nobelpreisträgers, Gerd Binnig (Tunnelraster-Mikroskop) bedacht werden:

»Kreative Leistungen erfordern auch ein gewisses Maß an Dummheit.«

Gemeint ist hier »Dummheit« im Sinne des Verzichts auf Informationen. Wer sich mit viel Wissen vollstopft, kann zwar Vorhandenes sehr gut verstehen, aber kaum noch Neues schaffen.

Daten gibt es genug, allein es fehlt an Informationen und Orientierung. Wie erhält man aber entscheidungsrelevante Informationen aus zigtausend Daten? So werden zum Beispiel immer wieder bessere Informationen über Kostenstrukturen gefordert. Viele kunstvolle Versuche werden unternommen, Kosten nach scheinbar intelligenten Methoden auf Kostenträger und Kostenstellen verteilt. Im Handel boomte einige Jahre die »Direkte Produkt-Rentabilität« (DPR), ein System, das viele Manager in Handel und Industrie in die Irre leitete. Unendliche Datenmengen wurden und werden heute noch gesammelt, aufbereitet und zur Entscheidungsfindung herangezogen. Wie sich inzwischen gezeigt hat, ohne Erfolg. Man hat die Direkte Produkt-Rentabilität inzwischen stillschweigend zu Grabe getragen.

Auf das Wesentliche konzentrieren

DPR hat zunächst alle elektrisiert – nur einen nicht: ALDI. ALDI hat das Geschehen noch nicht einmal wahrgenommen, weil sich das Unternehmen mit Themen beschäftigte, die zur Erhöhung der Umsätze oder zur Senkung der Kosten tatsächlich geeignet sind. ALDI ist dabei eher unbewusst dem Gedanken von Gerd Binnig gefolgt: Nicht zu viele Zahlen und Analysen, lieber über die konkreten Zusammenhänge nachdenken und darüber, wie man mit dem Kunden mehr Umsatz machen kann.

In vielen Unternehmen gehen die Zeiten ausufernder Analysen jedoch allmählich dem Ende entgegen. Man wird schlanker, das mittlere Management verliert manche Aufgabe und manchen Arbeitsplatz. Weniger Zeit für die eigenen Aufgaben kann hilfreich sein, wenn sie wirklich die Beschäftigung mit dem Wesentlichen und den Prioritäten erzwingt, weil es anders gar nicht mehr geht. Sinnvoll wäre es, Mußestunden zu gewinnen für Gespräche mit Mitarbeitern und Kollegen.

In manchen Unternehmen macht sich eine neue Unart breit. Gespräche werden ersetzt durch eine E-Mail-Kommunikation zwischen Vorgesetzten und Mitarbeitern. Zur Beschränkung auf das Wesentliche gehört allerdings auch der Verzicht auf die vielen Besprechungen. Daniel Goeudevert schlägt deshalb sogar vor, die vielen Sitzungen durch »Stehungen« zu ersetzen. ALDI hat inzwischen die Besprechungen und Erfahrungsaustausche zwischen den Führungskräften gleichartiger Bereiche, wie zum Beispiel der Verkaufsleiter, abgeschafft. Sogar die früher wichtigen Besprechungen des Zentraleinkaufs mit den regionalen Einkäufern finden nicht mehr statt. Die Einkäufer treffen sich dafür jetzt informell an Wochenenden, und es finden sich Lieferanten ein, die für Gesprächsstoff und das leibliche Wohl sorgen können. Dies ist im Übrigen ein Beispiel dafür, wie organisatorische Änderungen, nämlich der Verzicht auf derartige Besprechungen, sich negativ auswirken können; oder auch, was gute organisatorische Lösungen leisten können. In diesem

Fall müsste ALDI darüber nachdenken, wie es ein sinnvolles Maß an Kommunikation zwischen Führungskräften gestalten will.

Zum kargen Informationswesen bei ALDI gehört auch, dass Mitarbeiter nur über das informiert werden, was ihren Arbeitsbereich unmittelbar angeht. Das widerspricht vielleicht manchem modernen Ansatz der Mitwirkung und Motivation, gehört aber zur ALDI-Kultur. Erreicht hat ALDI damit, dass Mitbewerber und Öffentlichkeit nur wenig exaktes Material über die ALDI-Gruppe haben und außer den Mitgliedern der Verwaltungsräte in Essen und Mülheim kaum jemand weiß, welchen Umsatz beide Gruppen heute erzielen, in Deutschland oder im Ausland. Heute mag das im Prinzip egal sein, für die ersten Jahre kann das als wettbewerbsentscheidend angesehen werden. Viele Mitbewerber schüttelten über diesen Unsinn von Verkaufskonzept damals einfach nur den Kopf. Wenn sie gewusst hätten, welche Zahlen dieser Unsinn hervorbrachte, dann hätte mancher sicherlich anders reagiert, als den Kopf in den Sand zu stecken oder voller Überheblichkeit zur Tagesordnung überzugehen.

Internes Benchmarking

Ein wesentliches Führungsmittel ist immer wieder, allen Mitarbeitern in Gesprächen, Besprechungen oder über die Stellenbeschreibungen deutlich zu machen, dass maximale Leistungen und kontinuierliche Verbesserungen erwartet werden. Diese Leistungen werden auch gemessen, zum Beispiel in Produktivitätskennzahlen wie Umsatz pro Mitarbeiter in Laden, Lager, Fuhrpark sowie Betriebs- und Zeitvergleiche über alle Leistungs- und Kostengrößen zwischen einzelnen Abteilungen oder Verkaufsbezirken oder zwischen den verschiedenen ALDI-Gesellschaften. Auch der Zeitvergleich mit Vormonaten und Vorjahren ist wesentliches Steuerungsinstrument, bei dem zusätzlich zum Betriebsvergleich die relativen Entwicklungen verfolgt und bewertet werden können.

Dadurch entsteht ein Wettbewerb, der die Maßstäbe setzt und jede Controllingabteilung oder sonstige Sollwert-Ermittlungen sowie Budgets und Planungsvorgaben überflüssig macht. Bei Ist-Zahlen-Vergleichen werden Tatsachen mit Tatsachen verglichen und nicht Wunschzahlen und Prognosen auf der einen mit Echtzahlen auf der anderen Seite. Umsatz und Kosten, ausgedrückt in Geld, sind nützliche Maßstäbe. Und es ist sinnvoller, wenige Zahlen sorgfältig zu betrachten und zu hinterfragen, als Zahlenmassen vom Computer in alle denkbaren Beziehungen zu bringen. Maschinell erstellte Zahlenfriedhöfe sind zur Unternehmensführung nicht geeignet.

Menschen mögen Leistungen, weil sie ihren Tätigkeiten Sinn verleihen, zumal, wenn sie mit Erfolgen verbunden sind. Wenn ein Unternehmen diesen Sinn vermitteln kann, die Leistungen feststellt und anerkennt, dann ist ein weiteres kulturelles Element geschaffen. Schließlich finden diese Leistungen ihren Niederschlag in einer hohen Wettbewerbsfähigkeit der ALDI-Gruppe und in einer hohen Akzeptanz am Markt und bei den Kunden. Das macht Sinn, und das kann stolz machen auf die eigene Leistung. Es wurde sogar gesagt, dass ALDI in früheren Jahren nennenswert positiv die Inflationsrate in der Bundesrepublik beeinflusst habe. Darauf können Mitarbeiter stolz sein, denn es war ihre Leistung. Wie ALDI handelte, das lässt sich auch auf andere Unternehmen übertragen:

- einfache und klare Übersichten der Basisdaten anfertigen,
- keine Umlagen,
- keine Verteilungsschlüssel,
- dafür Maßstäbe suchen wie Zeitvergleiche oder Vergleiche von Betrieben oder Betriebsstellen.

Nicht die Versicherungsrechnungen, die im Januar für das ganze Jahr eingehen, auf die zwölf Monate verteilen, sondern sie im Januar in der Erfolgsrechnung zeigen. Dann wird dem Bilanzleser deutlich, was ist. Er wird aufmerksam und kann die passenden Fragen stellen. Der Sachverhalt wird nicht nivelliert und damit so undeutlich gemacht, dass er nicht mehr wahrgenommen wird. Ein solcher Ausweis in Statistiken und Bilanzen veranlasst dazu, einmal in die Rechnungen selbst hineinzusehen.

Auch bei Datenaufbereitungen sollte strategisch vorgegangen werden. Zielrichtungen sind festzulegen, Erkenntnismöglichkeiten zu definieren. Kurz: Weniger ist mehr.

Fraglich ist, ob aus der »totalen« Analyse von Kundenbons mit Millionen von Daten wirklich praktisch umsetzbare Erkenntnisse abzuleiten sind. Letztlich müssen Menschen die durch Datentechniken konstruierten Verbindungen zur Kenntnis nehmen und Entscheidungen treffen. Die Analysemöglichkeiten gehen gegen unendlich. Aber Schlussfolgerungen müssen für Menschen, die in der täglichen Arbeit dem Kunden Leistungen bieten sollen, schnell fassbar und umsetzbar sein.

Bevor man sich auf den nächsten Kilometer EDV-Ausdruck stürzt (der ja alles erklärt...), sollte man im Supermarkt vielleicht einmal darüber nachdenken, ob das Verkaufspreisverhältnis zwischen Jacobs-Krönung 500 Gramm und 250 Gramm wohl zweckmäßig ist, wenn man die Unternehmensziele oder das Thema Single-Haushalte oder den absoluten Rohertrag insgesamt betrachtet.

Generelles Nachdenken über prinzipielle Fragen wie zum Beispiel über preispolitische Zusammenhänge – ohne die Belastung durch Zahlenkolonnen – ist also ebenso notwendig, wie Fantasie und Vorstellungskraft zu entwickeln darüber, wie Kunden auf eine solche veränderte Preispolitik reagieren könnten. So lässt sich die Aussage des Physikers Binnig für den Lebensmittel-Einzelhändler übersetzen.

Überall gibt es zahllose Fragen, die kreative Antworten brauchen. Sie gehören in den Mittelpunkt des Geschäfts. Ihre Behandlung entscheidet über die Zielerreichung. Jede kleinste zielbezogene Fragestellung ist wichtig und macht letztlich den Erfolg aus. Dieses Denken beherrscht ALDI. Die anderen beschäftigen sich zu sehr damit, ihre so wichtigen Planungs-, Informations-, Koordinations-, Kommunikations-, Marketing-, Vertriebs- und sonstigen Systeme zu pflegen und zu optimieren.

Geheimnis 7: Probieren Sie sofort aus (perfektionieren Sie später)!

Überkomplexität als Management-Fehler

Überkomplexität beruht in vielen Unternehmen auf der Angst des Managements, Fehler zu machen oder vor dem Aufsichtsrat eine Maßnahme nicht begründen zu können. Diese Angst ist sicherlich bei Publikumsgesellschaften mit angestellten Managern weiter verbreitet als bei inhabergeführten Unternehmen. Sie ist mit ein Grund für die Bildung von Stabsabteilungen, den Einsatz von Unternehmensberatungsgesellschaften sowie für umfangreiche Marktanalysen. Damit sollen Fehler vermieden und – so die Hoffnung – »Entscheidungsunfähigkeit-durch-Angst« reduziert werden. Angst ist die Wiege der Bürokratie.

Wenn Klarheit und die Frage nach dem Sinn zu Maßstäben des Handelns und der Entscheidungen werden, dann können generelle Regelungen die detaillierten Einzelanweisungen ersetzen. Allgemein akzeptierte Regeln und Prinzipien treten an die Stelle von Vorschriften, Regulierungen, genauen Formulierungen von Abteilungspolitiken und Arbeitsabläufen. Eine derartige Unternehmenskultur trägt zur Vermeidung unnötiger, bremsender und kostspieliger Bürokratie bei. Sie erfordert jedoch auch den Mut zu Versuch und Irrtum. Doch wenn der Sinn einer Entscheidung ausreichend und verantwortungsbewusst geprüft wurde: »Warum muss das sein?«, gibt es kaum noch Anlass zur Sorge. An die Sinnfrage schließt sich automatisch die Frage an, ob man bei einer Lösung oder einem Prozess alles Vorgesehene oder Geplante auch wirklich braucht, oder ob nicht doch noch etwas weggelassen werden könnte.

»Vollkommenheit entsteht nicht dann, wenn man nichts mehr hinzufügen kann, sondern, wenn man nichts mehr wegnehmen kann.«

Antoine de Saint-Exupéry

Ausprobieren statt endloser Analyse

Tom Peters und Robert Waterman propagieren in ihrem Buch *Auf der Suche nach Spitzenleistungen* das KISS-System: »Keep It Simple, Stupid«. Ein Satz, wie geschaffen für die Beschreibung der ALDI-Praxis. ALDI-Leute sind Macher-Typen. Alles wird ausprobiert, möglichst schnell, man hält sich nicht allzu lange auf mit endlosen, tiefsinnigen Analysen. Wenn grundsätzlich alles, was dem Unternehmensziel dienlich ist, erdacht und ausprobiert werden kann, so ist kaum ein besserer Antrieb zu den in der Wirtschaft häufig vermissten Innovationen denkbar. Als günstig erweist sich bei ALDI zudem, dass man beim Ausprobieren niemandem in die Quere kommen kann. Keine Stabsstelle beschwert sich über eventuelle Kompetenzüberschreitungen.

Ein bezeichnendes, für die gesamte ALDI-Gruppe folgenreiches Beispiel gaben die holländischen Kollegen. Die ALDI-Kassiererinnen mussten immer die Verkaufspreise aller 600 Artikel auswendig lernen, um die nicht mit Preisen ausgezeichneten Artikel in die Kasse eingeben zu können. Der Nachteil dabei war, dass sie bei Preisänderungen immer neu lernen mussten. Wenn die Kassiererin nach dem Urlaub an ihren Arbeitsplatz zurückkehrte, bestand ein erhöhter Lernbedarf.

Eine Lösung hätte eine auswendig zu lernende Artikelnummer sein können, mit der jeder Artikel, ähnlich wie beim Scanner, in einer Datenkasse identifiziert werden kann. Dies hielt das ALDI-Management über lange Zeit für zu schwierig und nicht durchführbar. Man ging davon aus, die Kassiererinnen könnten »sprechende« Preise viel besser behalten, und nahm an, dass der Preis eine bestimmte Aussage beinhalte und so etwas wie ein Begriff sei – allein durch seine Größenordnung. Im Nachhinein betrachtet, war das eine leichtgläubige, naive Annahme, denn sie wurde nie bewiesen.

Die Holländer in der Gesellschaft Ommen/Overijssel, unter ihrem Direktor A.C. Conijn, probierten die neue Methode, anstelle der Preise Artikelnummern einzutippen, einfach »heimlich« aus. Schließlich machten sie ihre deutschen Kollegen mit dieser Innovation, die bis heute zur schnellsten und billigsten Datenkasse im Bereich von ALDI Nord geführt hat, bekannt. Keine Scannerkasse kann diese schnellen Kassierleistungen erbringen, noch dazu so unkompliziert und kostengünstig. Inzwischen – mit der Umstellung auf den Euro – hat ALDI Süd sich nach intensiven Tests für das Scanning entschieden. ALDI Nord wird folgen. Dabei gab es bei ALDI Süd eine weitere, Aufsehen erregende Innovation: Den Strichcode findet man an drei bis vier Stellen auf der Verpackung. Bei Dosen läuft der Code rund um das Produkt, damit die Scanner schneller und fehlerfrei lesen können. Wir erinnern uns: Bei ALDI ist ein wichtiges Ziel, niedrigste Kosten und höchste Produktivitäten zu erzielen. Also muss es an der Kasse schnell gehen. Der Scanner darf die »schnellsten Kassiererinnen der Welt« nicht zu sehr bremsen. Hier hat ALDI etwas sehr Einfaches nutzbar gemacht, das vordem weder die Metro, Karstadt, Wal-Mart oder die Hersteller Nestlé und Unilever entdeckt hatten. Warum? Weil sich die »Computer-Nobodies« von ALDI 24 Stunden am Tag auf ihr Geschäft konzentrieren und dort immer besser und immer perfekter werden. Man konzentriert sich auf das Wesentliche und verzichtet auf Überflüssiges. Das Geschäft mit dem Kunden ist wichtiger als die Budgets. Man hat Zeit, sich täglich um viele mögliche Verbesserungen zu kümmern. Am Ende dann – wie hier bei den Strichcodes – ist ALDI perfekt und allen anderen voraus.

Mit der schon eingangs beschriebenen Einsteinschen Grundeinstellung: »Ich taste mich voran«, ist auch zu erklären, dass ALDI völlig ohne Berater arbeitet. Keine Unternehmensberatung, keine Marktforschung, keine Werbeberater. Nur in schwierigen Rechtsangelegenheiten wird fachkundiger Rat eingeholt, der intensiv diskutiert und hinterfragt wird – kaum ein rechtlicher Rat gelangt ohne ausführliche Prüfung in die Umsetzung. Zugegeben, die Rechtsberater haben es nicht leicht mit einem Unternehmen, in dem man sich für das Detail so sehr interessiert, dass auch der juristische Rat im Einzelnen kritisch beleuchtet wird: Man muss erst selbst begreifen, was Sache beziehungsweise was Recht ist.

Der Test in drei Läden

Ein geflügeltes Wort in der ALDI-Organisation ist der »Test in drei Läden«. Mit solchen Tests werden die Erfolgsaussichten neuer Artikel oder geänderter Verpackungsinhalte und Ähnliches ausprobiert. Aus einem solchen Test kann man ziemlich treffsicher fast alle notwendigen Erkenntnisse gewinnen, und das mit dem geringsten Aufwand. Dies wurde früher so verfeinert angewendet, dass der Umsatz der inzwischen sehr bekannten und begehrten Non-Food-Aktionen zuvor getestet wurde, nicht nur um die Chancen des Artikels zu erkennen, sondern auch, um die zu disponierende Menge zu ermitteln.

Tests sind auch deshalb nicht zu unterschätzen, weil man die Unzulänglichkeiten einer Maßnahme oft genug erst bei der Umsetzung in die Praxis erkennt.

Nicht philosophieren, sondern machen heißt die Devise, schnell, radikal, aber konsequent einfach

In einem Vortrag zu Fragen der Logistik hat der heutige Metro-Aufsichtsratsvorsitzende, Erwin Conradi, vor einigen Jahren einen bemerkenswerten Satz gesagt, der sehr der bescheidenen und praktischen Denkweise bei ALDI entspricht. Das ist im Übrigen nicht sehr verwunderlich, stimmen doch manche Ansätze beider Unternehmen und nicht zuletzt die hervorragenden Betriebsergebnisse überein: »Wenn Ihnen diese Grundsätze zu platt, zu trivial, zu sehr Hausmannskost sind, dann möchte ich Ihnen gerne entgegenhalten, dass ich sehr viel mehr Projekte an den sogenannten ›Selbstverständlichkeiten‹ habe scheitern sehen als am ›grand design‹.«

Versuch und Irrtum

Eine hervorragend geeignete Methode im Kaizen-Prozess ist »Versuch und Irrtum«. Sie bekommt eine besondere Bedeutung, weil auf diese Weise Ideen und neue Methoden sofort oder zumindest wesentlich schneller in die Praxis umgesetzt werden können. Nach einigen grundsätzlichen Überlegungen wird eine Anwendung unmittelbar in der Praxis geprüft, bevor man lange Zeit mit der exakten Kontrolle und Vervollkommnung zubringt. Nach ersten Versuchsergebnissen kann dann eine Anpassung oder Veränderung vorgenommen werden, der Test abgebrochen oder zeitlich verschoben werden.

Diese Methode macht Mut, etwas zu versuchen und dabei vielleicht auch einen Flop zu riskieren. Wenn dies der Fall ist, steht jedoch das Ergebnis im Mittelpunkt, die Erkenntnis, die daraus gewonnen wurde – und nicht die Frage: »Wer hat Schuld?« Fast niemals gibt es wirklich richtige oder falsche Entscheidungen. Mit der Methode Versuch und Irrtum gelang es ALDI, größere Katastrophen und Irrtümer zu vermeiden. Es waren immer kleine Versuche und kleine Irrtümer. Die weit verbreiteten Analyse- und Entscheidungsverfahren sind meist verbunden mit dicken schriftlichen Ausarbeitungen, mit denen zahlreiche wichtige und teuere Mitarbeiter ihre Zeit zubringen. Im Zweifel gibt es dann einen Kundenkontakt weniger, oder ein Mitarbeitergespräch wird vertagt, bis es nicht mehr nützlich ist. Viele Ausarbeitungen landen am Ende im Reißwolf – es war ja »top secret« – oder verstauben schließlich in der Schublade eines Top-Managers.

Dies alles ist auch gar nicht neu. Eileen C. Shapiro zitiert in *Trendsurfen in der Chefetage* einen wunderbaren Satz von Mark Twain:

»Kontinuierliche Verbesserungen sind besser als hinausgezögerte Vervollkommnung.«

Bei allen neuen Ideen, Entwicklungen technischer oder organisatorischer Art, bei der Einführung neuer Artikel, geänderter Qualitäten oder Verpackungsgrößen arbeitet ALDI nach diesem Grundsatz. Durch ständiges Probieren, durch tägliche Verbesserung im Detail gelingen ALDI am Ende immer wieder perfekte Lösungen. Nicht am Beginn gleich die Perfektion anstreben, sondern schnell anfangen, sich dann entwickeln. Perfektion an sich und absolut gibt es nicht.

Beim Perfektionieren ist der Weg das Ziel

Geheimnis 8: Seien Sie zu den Lieferanten fair – Helfen Sie ihnen, besser zu werden!

Der Grundsatz eines korrekten und fairen Umgangs gilt vor allem für die Beziehungen zu Lieferanten – auch wenn das den einen oder anderen überraschen mag; denn immer wieder war in der Presse von Knebelungstechniken, Abhängigkeiten und Machtausübung die Rede. Doch dabei handelte es sich in der Regel lediglich um Vermutungen von einigen Fachleuten oder aber um Klagen einzelner Lieferanten, die sich ungerecht behandelt fühlten, weil sie aufgrund schlechter Qualitäten die Geschäftsbeziehung verloren. Bildhaft stellte der Brancheninformationsdienst *Extrakte* diesen Sachverhalt mit einem Satz dar: »Albrecht zahlt nicht nur, dass man die Uhr danach stellen kann, sondern ist auch ein fairer Partner.«

Bestechung ist nicht korrekt

Zum korrekten Handeln gehört, nicht bestechlich zu sein. Wenn dies auch als selbstverständlich gilt, so kommt es doch auf die feinen Einzelheiten und Unterschiede an. Ist eine Flasche Champagner zu Weihnachten nur eine kleine Aufmerksamkeit? Warum bekommt nicht jede Verkäuferin eine Flasche, sondern nur der Einkäufer? Jeder in der Branche weiß, welche Fantasie Lieferanten entwickeln können, um die Einkäufer des Handels freundlich zu stimmen. Der

Gipfel kann dann schon mal ein VW Cabriolet für die Ehefrau oder ein feiner Urlaub in Portugal sein. Leider sind solche Praktiken überall trotz allgemein großen Wohlstands und guter Gehälter sehr verbreitet.

Von solchen Angeboten bleibt auch ALDI nicht verschont. Dabei muss man bedenken, dass ein ALDI-Zentraleinkäufer allein immerhin ein Jahresvolumen von zwei Milliarden Euro verhandelt. Bei diesen Relationen, die für einzelne Lieferanten einige Millionen bedeuten mögen, fallen großzügige Geschenke nicht ins Gewicht. Die Gefahren sind für alle Handelsunternehmen groß, und es gibt kaum einen sicheren Schutz für das Unternehmen gegen untreue Mitarbeiter und untreue Lieferanten. ALDI hat auch eine Reihe solcher Fälle zu beklagen gehabt und sich von solchen Mitarbeitern jeweils sofort getrennt.

Doch wie sollen die Entscheider noch neutral sein, wenn sie im Zweifel doch auch freundlich sein müssen? Bei ALDI gibt es eine klare Regelung: Das größte Geschenk, das von Lieferanten angenommen werden darf, ist ein Jahreskalender. Alles andere wird nicht akzeptiert und den Lieferanten mit freundlichen Grüßen und der Bitte um Verständnis zurückgeschickt. Natürlich darf auch keine Einladung von Lieferanten zum Essen angenommen oder der Lieferant an seinem Produktionsort besucht werden, es sei denn, die Produktionsanlagen müssen besichtigt werden, um sich ein Urteil über Kapazitäten und Qualitätsbedingungen bilden zu können.

Vor einigen Jahren wurde in der Fachpresse das Gerücht diskutiert, ALDI wolle die Geschäftsbeziehungen zu seinen Handelsagenten aufgeben, um auch deren Marge am Geschäft selbst zu vereinnahmen. Es schien so, als wolle ALDI die bisherige Praxis verlassen, nachdem sich herausstellte, dass einige Einkäufer Vorteile entgegengenommen hatten. Die Bestrafung einzelner Handelsfirmen mag richtig sein, von dieser Stelle aus kann allerdings nur davor gewarnt werden, ein sehr erfolgreiches Prinzip aufzugeben. Auch Zorn und Enttäuschung über langjährige Agenten mögen für solche grundsätzlichen Überlegungen ausschlaggebend gewesen sein.

Es scheint unmöglich, solche Bestechlichkeiten von vornherein zu minimieren oder gar ganz auszuschalten. Ein Einkäufer erhält ein Gehalt, das unter anderem seiner Stellung im Unternehmen und seinen Fachkenntnissen entspricht. Es kann niemals so hoch sein, dass aus rein materiellen Gründen eine Bestechung auszuschließen wäre. ALDI hat keine besonderen Maßnahmen irgendeiner Vorsorge getroffen. Es gibt vielleicht auch keine sinnvollen Möglichkeiten, denn ein Einkäufer braucht für seine Verhandlungen das Vertrauen seiner Vorgesetzten. Andernfalls wäre er nicht kraftvoll genug, und die Kreativität würde ebenfalls erlahmen.

Keine Knebelverträge

So konsequent und fair wie ALDI mit den Kunden umgeht, so korrekt ist auch die oftmals jahrzehntelang andauernde Verbindung zu den Lieferanten. Entgegen einer in der Fachwelt oft geäußerten Ansicht schließt ALDI prinzipiell keine langfristigen Verträge mit Lieferanten. Viele meinen, ALDI schlösse solche Verträge, um die Lieferanten langfristig zu binden und in irgendeiner Form zu »knebeln«. Falsch. Falsch ist auch die Einschätzung der Zeitschrift *Stern*, in der die »Pfennigfuchser« einmal bezichtigt wurden, sie würden ihren Lieferanten »Daumenschrauben« anziehen. Wichtig ist für ALDI einzig und allein, dass Lieferanten kontinuierlich gute Qualitäten liefern, und natürlich müssen auch die Preise immer wettbewerbsfähig sein.

Wenn irgend etwas nicht stimmt, so gibt es sehr einfache Sanktionen. Der Lieferant, der bisher vielleicht 20 Lager einer ALDI-Gruppe belieferte, verliert beispielsweise fünf Lager. Nur im Extremfall – und das ist dann immer ein Thema von Qualitäten – verliert er alle. Mit diesem Prinzip der Lagerzuweisung kann man auch neue Lieferanten testen und langsam aufbauen.

Es gab auch nie die Absicht, einen Lieferanten von ALDI vollkommen oder weitgehend abhängig zu machen. Solche Überlegungen mögen nahe liegen, um größeren Einfluss und Druck auf die Preisstellung des Lieferanten auszuüben. Aber dadurch entsteht ja auch eine ähnliche Abhängigkeit des Kunden ALDI – Abhängigkeit von Qualitätsveränderungen, internen Problemen aller Art beim Lieferanten bis hin zu Kapazitätsstörungen. Auch ein vom Lieferanten durchaus selbst verschuldeter Zusammenbruch könnte in der Öffentlichkeit leicht dem Kunden ALDI in die Schuhe geschoben werden. Da ist es wesentlich intelligenter, Alternativen zu haben.

Vielfältiger Anbietermarkt als Gewinn

Für den Handel ist es grundsätzlich interessanter, wenn der Anbietermarkt vielfältig in Anzahl und Ausprägung der Unternehmen ist. Jedes Unternehmen kann langfristig nur mit entsprechenden Gewinnen existieren. Es macht also schlicht keinen Sinn, den Partner sterben zu lassen oder – eine Stufe zuvor – ihm die Lust am Geschäft zu nehmen. Dies ist eines der wichtigsten Themen zwischen Industrie und Handel seit vielen Jahren. Auch hier hat ALDI neben seiner inflationshemmenden Wirkung wirtschaftspolitisch positiv gewirkt.

Ein Beispiel ist die Art und Weise, wie ALDI die Probleme mit dem Brotlieferanten Geschi und seinem Inhaber Horst Schiesser bewältigte. Schiesser, eine schillernde Figur, die bekannt wurde, als er die Neue Heimat von den Gewerkschaften für eine Mark kaufte und später ebenfalls die Treuhandanstalt für eine Mark erwerben wollte, war jahrzehntelang zuverlässiger ALDI-Lieferant. Offenbar aber haben ihn Fehlinvestitionen nach der Wende in Deutschland in erhebliche finanzielle Schwierigkeiten gebracht. Seine Leistungen bei der Versorgung von zuletzt 1 100 ALDI-Läden litt mehr und mehr. Aber ALDI war nachsichtig und zeigte Verantwortung für ein bislang gut arbeitendes Unternehmen. Schiesser wurde finanziell gestützt durch großzügige Regelung der Zahlungen. Gab es vordem die im Handel übliche Kreditierung von Rechnungen seitens des Lieferanten, so ging ALDI jetzt zu Sofortzahlungen oder gar zur Vorauskasse über. Dadurch erhielt Geschi einen entscheidenden Aufschub. Aber schlechtes Management förderte offenbar den weiteren Niedergang. Erst als Geschi die ALDI-Läden so schlecht versorgte – von elf Brotsorten etwa wurden vielfach nur noch sechs Sorten geliefert –, dass ALDI selbst Schaden nehmen musste, beendete man die Geschäftsbeziehung.

Faire Partnerschaft

Die Branche weiß sehr wohl, dass ALDI ein fairer, zuverlässiger Partner ist. Die manchmal schändlichen Praktiken, die aus dem Wettbewerb bekannt sind, hat es bei ALDI nie gegeben. Wenn heute ein Großer im deutschen Lebensmittelhandel einen Kleinen schluckt, dann zittert die gesamte Nahrungsmittelindustrie. Das übernehmende Unternehmen vergleicht sofort alle Einkaufskonditionen des übernommenen Unternehmens mit den eigenen Konditionen. Das ist selbstverständlich und nützlich, um die eigenen Konditionen zu verbessern oder um auch mit dem neuen höheren Volumen in neue Verhandlungen zu gehen. Aber es geschieht etwas ganz anderes, eigentlich Unglaubliches: Sollte der Kleine irgendwo einen niedrigeren Einkaufspreis als der Große gehabt haben, so fordert der Große die Differenz gleich für zwei Jahre rückwirkend als Gutschrift. Manchmal zieht er die Summe sofort von seiner nächsten Rechnung ab. Das ist pure Machtausübung und hat mit fairen Handelspraktiken nichts zu tun. Vielleicht hat der Kleine mit anderen Voraussetzungen zu besseren logistischen Verhältnissen beigetragen oder einfach erfolgreicher verhandelt. Allerdings mag die Industrie den Fehler begangen haben, ihrem großen Kunden zu sagen, er hätte die besten Konditionen. Unehrlichkeit und Unglaubwürdigkeit kann dann durchaus ihren Preis haben.

Langjährige ALDI-Lieferanten wissen die Umstände zu schätzen, dass es Nachverhandlungen mit ALDI grundsätzlich nicht gibt. Das wurde nie klarer ausgedrückt als im Branchen-Brief *Extrakte* vom 20.8.1976:

Wo alle Hersteller und Banken ihre Kreditlinien überprüfen, verdient einmal gesagt zu werden, wie ALDI beurteilt wird. Man weiß ja, wieviel ALDI in den über 1200 Filialen umschlägt, wie ungewöhnlich kalkuliert wird. Aber das Urteil über ALBRECHT bei Banken und Industrie ist eindeutig positiv. ALBRECHT zahlt nicht nur, daß man die Uhr darauf stellen kann, sondern ist auch ein fairer Partner:

- An einem Preis – einmal abgesprochen – wird nicht mehr »gedreht«,
- es werden keine Nachlässe nachgefordert,
- keine ungerechtfertigten Reklamationen angebracht
- und den Lieferanten nicht »das Blut aus den Adern gesaugt«.

Die ALBRECHT-Häuser gelten allenthalben als Partner, die wissen, daß sie gute, leistungsfähige Lieferanten brauchen, die man leben und deshalb verdienen lassen muß. Wenn man allerdings ALBRECHT-(Hof-)Lieferant ist, muß man ständig lieferbereit sein. Wenn die Ware sich rasch umschlägt, wenn sie einschlägt und ALBRECHT Nachschub braucht, kennen die Herrschaften kein Pardon. Alles, was ich hier schreibe, habe ich x-fach gehört und bestätigt bekommen.

Die Praxis im Verkehr zwischen Lieferanten und Handel sieht jedoch im Allgemeinen ganz anders aus, und Helmut Maucher bedauert, dass noch kein Buch geschrieben wurde darüber, wie man mit Lieferanten umgeht, und dass eigentlich die Kantsche Forderung gelten sollte, dass man so mit seinem Lieferanten umgehen sollte wie man will, dass er mit einem selbst umgehe.

Viele, ursprünglich kleine Lieferanten sind mit ALDI zu wahrer Größe aufgestiegen, durch ALDI-ähnliche, konsequente und kostengünstige Qualitätspolitik. Dabei hat ein Kreis von Handelsagenten sehr geholfen und davon auch sehr profitiert. Renommierte Namen haben ALDI hier über Jahrzehnte begleitet: Max Roob, Essen, Schulte und Tatenhorst, Mülheim oder Klaus Mahnke, Duisburg.

Die Agenten waren ähnlich wie Makler auf der Suche nach neuen Produkten, neuen Herstellern. Sie prüften für ALDI die Produktqualitäten, die Herstellerkapazitäten und die Preisstellungen. Das ermöglichte es ALDI im Übrigen, mit einer Mini-Einkaufsabteilung von sechs Zentraleinkäufern (ALDI Nord) zu arbeiten. Der Vorteil niedriger Personalkosten im Einkauf ist dabei völlig nebensächlich, wenn auch prinzipiell wichtig. Entscheidend ist vielmehr auch hier, dass kleine Einheiten viel unkomplizierter und mit weniger Reibung funktionieren können. Die Frage, ob ALDI letztlich über seine Handelsagenturen höhere Einkaufspreise gezahlt hat als notwendig, kann kaum jemals mit Sicherheit beantwortet werden.

Besser und erfolgreicher verhandeln

Aus dem Verhältnis von ALDI zu seinen Lieferanten kann einiges abgeleitet werden für eine generell bessere Beziehung zwischen Handel und Industrie. Die derzeitigen Verhandlungspraktiken könnten entkrampft und noch mehr versachlicht werden. Druck und Poker sind keine guten Konzepte, wenn man auch in der Zukunft miteinander arbeiten möchte. Eine gute Richtlinie für erfolgreiches Verhandeln bietet das *Harvard Konzept*, bei dem die wichtigste Maxime lautet, dass erfolgreich verhandelt wurde, wenn beide Partner auch in Zukunft gern wieder Geschäfte miteinander machen möchten. Im Folgenden sind die wichtigsten Punkte für erfolgreiche Verhandlungen mit Lieferanten aufgeführt:

- Keine so genannten Jahresgespräche mehr führen: Die Jahreswende ist ein zufälliger und willkürlicher Termin. Themen sollten nach Bedarf behandelt und Verhandlungen nicht unter Zeitdruck begonnen werden. Industrie und Handel könnten individuell periodische Termine vereinbaren für bestimmte Artikelgruppen.
- Eigentlich ist jedes Jahresgespräch ein Strategiegespräch. Der

Einkäufer führt autonom, in voller eigener Verantwortung seine Gespräche, nachdem Geschäftsleitung und Verkauf gemeinsam mit ihm die strategischen und taktischen Positionen festgelegt haben. Er entscheidet allein und endgültig.

- Einkäufer dürfen nicht mit Spannenzielen in Verhandlungen gehen, sondern nur mit konzeptionellen Ideen (etwa der Wechsel von Lieferanten, der Austausch von Artikeln und Ähnlichem). Konzept und Konditionen müssen zunächst grundsätzlich voneinander getrennt werden. Die oben erläuterte »Zahnpasta-Philosophie« kann hier hilfreich sein.
- Mit fast jedem Lieferanten könnten dessen Umsätze um 20 bis 50 Prozent gesteigert werden. Die Frage lautet: Ob man das will und wie man es schafft. Dabei geht es um Konzepte, Alternativen und Optionen.
- Umsatz hat grundsätzlich Vorrang vor Spannen. Kosten und Gewinn können letztlich nur mit Spannen gedeckt werden. Aber die Basis eines jeglichen Geschäfts mit einem Kunden ist der Umsatz. Die Hauptgedanken von Einkäufer und Lieferant müssen um die Interessen des Kunden, des Verbrauchers kreisen – alles andere ist kurzsichtig.
- Einkäufer, Lieferanten und Konditionen dürfen niemals das Sortiment bestimmen.
- Konditionen dürfen nicht zu Volumen- und Mengendruck führen. Der Grundsatz muss sein: Der Kunde (der sich im Übrigen selbst bedient) entscheidet autonom. Mengenstaffeln und Steigerungsrabatte sind selten sinnvoll.
- Es sollten keine Absprachen getroffen werden, die später mit Krampf und Tricks eingehalten werden müssen.
- Logistische Kooperations- und Rationalisierungsmodelle suchen.

Es sind also nicht die Einkaufskonditionen, die das Verhältnis zwischen ALDI und seinen Lieferanten allein bestimmen. Wer Eigenmarken produziert, braucht das Vertrauen des Auftraggebers. Dieses wird meistens im Laufe jahrelanger Geschäftsbeziehungen entwickelt. Am Anfang aber steht immer eine Art »Coaching« durch ALDI. Da geht es um gute Qualitäten und deren genaue Fixierung, um Verpackungsdesign und -größen sowie um Kapazitätsfragen beim Lieferanten und deren Gewähr für hygienische und zuverlässige Produktionsprozesse. Viele neue Lieferanten wissen schon, was sie bei ALDI erwartet. Sie informieren sich bei Kollegen, und sie stellen sich auf gänzlich andere Geschäftsbeziehungen ein, als sie im Handel sonst üblich sind. Faire Lieferantenbeziehungen, echte Kooperationen mit dem Lieferanten als Mitunternehmer – dort liegt die Zukunft. In Ansätzen gibt es diese Beziehungen in der Automobilindustrie. Allerdings herrscht hier oft noch ein rigoroses – teils primitives – und wenig kooperatives Einkaufsverhalten der Autohersteller vor. Zulieferer drohen, in die Knie zu gehen, weil Einkäufer irgendwelche dummen Budgetvorgaben zu erfüllen haben. Was ist, wenn die Zulieferer weg sind, oder, wie einige sich entscheiden, die Belieferung nicht mehr fortsetzen? Beim neuen Cayenne hatte Porsche dieses Problem zu lösen. Das wird sich ändern. Erfolgreiche Unternehmen werden auch im Einkauf den fairen Weg von ALDI einschlagen. Am Erfolg ist auch immer der gute Lieferant beteiligt.

Geheimnis 9: Führen Sie nach den Prinzipien *Vertrauen* und *Kontrolle*!

»Vertrauen ist ein Mechanismus der Reduktion sozialer Komplexität«

Vertrauen ist ein Kernthema der Einfachheit. Es geht um Beziehungen zu Kunden, Lieferanten und Mitarbeitern. ALDI etwa hat ein solches Vertrauensverhältnis mit seinen Kunden aufgrund besonders guter und zuverlässiger Leistungen über Jahrzehnte aufgebaut. Nur Vertrauen, das ALDI niemals enttäuscht hat, macht es heute möglich, innerhalb von drei Tagen Computer im Wert von 200 Millionen Euro zu verkaufen. Vertrauen auch war es, das den Kunden nach der Euro-Einführung den Einkauf bei ihrem ALDI erleichtert hat, weil sie wussten: »ALDI rechnet korrekt um. ALDI würde uns niemals trickreich begegnen.«

Einfachheit ist ohne Vertrauen kaum erreichbar. Vertrauen ist eine unbedingte Voraussetzung, um die Komplexität zu verringern. Der Soziologe Niklas Luhmann hat dies im Untertitel seines Buches zum Ausdruck gebracht: *Vertrauen. Ein Mechanismus der Reduktion sozialer Komplexität.* Dieser Satz dürfte über die soziale Komplexität hinaus auch für die technische Komplexität gelten. Menschen brauchen auch Vertrauen in technische Systeme wie Computer, Fahrstühle oder Medikamente, wenn sie mit der Komplexität in dieser Welt zurechtkommen wollen.

Glaubwürdigkeit ist zerbrechlich, sie kann schnell verspielt werden. Die zur Metro-Gruppe gehörenden Real-Verbrauchermärkte verkauften 2001 alte eingefrorene Schollen als »frisch«. Rewe's Minimalmärkte boten im April 2001 das im Vorjahr eingefrorene Rindfleisch als Frischfleisch an und verstießen damit gegen die Kennzeichnungspflicht. Solche Vorkommnisse sind in Unternehmen mit einer starken echten Unternehmenskultur nicht vorstellbar. Für ALDI wäre das undenkbar. So würde das Vertrauen der Kunden verspielt.

Kunden nutzen das Vertrauen, das ihnen zum Beispiel bei Reklamationsabwicklungen entgegen gebracht wird, nicht aus. Das wird aber immer wieder angenommen. In vielen Unternehmen fehlt der Mut zu großzügigen Regelungen. Man hat Angst, man ist misstrauisch, dass Kunden das ausnutzen könnten. Misstrauen ist so weit verbreitet – und natürlich auch nicht immer und vollkommen unbegründet –, dass Firmen zu den absonderlichsten Verfahren greifen. Die sind dann meistens komplex und für das Vertrauensverhältnis zu den Kunden schädlich. Glaubwürdigkeit und Berechenbarkeit sind die Grundlagen von Vertrauen. Wer glaubwürdig ist, ist stark, in sich gefestigt. Er ist selbstsicher. Ihn wirft es nicht um, wenn er einmal betrogen wird. Er weiß trotzdem um den großen Nutzen des Vertrauens. Vertrauen ist eine gewinnbringende Tugend. Für eine vertrauensorientierte Unternehmensführung steht auch der Jesuitenpater und Moralphilosoph Rupert Lay:

»Manager, die kein Vertrauen aufbauen können,
haben auch keinen ökonomischen Erfolg.«

Nur, wer sich selbst vertraut, stark und gefestigt ist, kann anderen vertrauen. Helmut Maucher nennt Glaubwürdigkeit die wichtigste Eigenschaft des Managers: Das heißt praktizieren, was man predigt. Das heißt ehrlich und offen mit den Mitarbeitern umgehen.

In jedem Unternehmen gibt es Besonderheiten, Seltsames, Auswüchse – auch bei ALDI. Als »Management by Mißtrauen« bezeichnete 1992 die *Wirtschaftswoche* das System der »Geheimniskrämer«. Von Ausnahmen abgesehen, die sich eher auf die Inhaber beziehen, ist dies jedoch ein falsches Urteil. Es bestehen wohl kaum zwei Meinungen darüber, dass Inhaber zu Misstrauen neigen – schließlich geht es um ihr eigenes Geld. Richtig ist sicher auch, dass das Misstrauen von Theo Albrecht die Kontrollkultur im Unternehmen beeinflusst hat. Doch die Führung mit den bei ALDI eingesetzten Kontroll-Systemen kann als vorbildlich für viele andere Unternehmen gelten.

Niemand sollte sich scheuen, über Sinn und Unsinn von Kontrollverfahren nachzudenken. Egon Zehnder von der Beratungsgesellschaft Zehnder International hält den Satz von Lenin, »Vertrauen ist gut, Kontrolle ist besser«, für dumm und schädlich. Er hat Recht. Doch wann darf und muss Kontrolle sein?

Für viele Unternehmen, besonders für ihre Aufsichtsräte, wäre es ratsam, sich mit Fragen der Kontrolle ernsthafter und vor allem mit mehr Professionalität auseinanderzusetzen. Wenig schmeichelhaft für den Aufsichtsrat der Bremer Vulkan AG waren die Äußerungen des ehemaligen Vorstandsmitglieds Manfred Timmermann vor der Staatsanwaltschaft anlässlich der Untersuchung von Hintergründen des Konkursfalles: »Der Konzernchef konnte schalten und walten, wie er wollte, der Aufsichtsrat hakte alles ab. Mit einem besseren Management hätte die bedrohliche finanzielle Lage des einst größten deutschen Werftenverbundes verhindert werden können.«

Für das gute Management an der Spitze eines Unternehmens ist der Aufsichtsrat verantwortlich. Dieser kann seine Aufgaben nur erfüllen, wenn er selbst Kontrollen ausführt und sich nicht ausschließlich auf Berichte von Wirtschaftsprüfern und des von ihm zu kontrollierenden Vorstands verlässt. Der ALDI-Verwaltungsrat hat diese Aufgaben mit harter Disziplin gegen sich selbst ausgeführt, und diese Kontrolltechnik wird durchgehend durch alle Hierarchiestufen praktiziert.

Das System basiert auf der Stichprobenkontrolle, die jeder Vorgesetzte bei seinen Mitarbeitern monatlich durchführt. Mitarbeiter, denen eine oftmals bedeutende Entscheidungskompetenz zugemessen wird, müssen kontrolliert werden. Sie haben meiner Ansicht nach sogar ein Anrecht darauf. Wie sollte sonst festgestellt werden können, welche guten Leistungen ein Mitarbeiter vollbracht hat? Man sollte niemals Mitarbeitern Aufgaben und Kompetenzen übertragen, wenn man sie zur Ausführung weder für fähig genug hält, noch ihnen volles Vertrauen schenken kann. Vertrauen ist die Grundbedingung, nicht das »vorsichtshalber« eingesetzte Misstrauen. Trotzdem ist es für Vorgesetzte wichtig zu prüfen, ob und wie die delegierten Aufgaben ausgeführt werden. So können zum Beispiel auch Missverständnisse ausgeräumt werden, die bei der Aufgabenübertragung aufgetreten sein können. Beide Partner können sich im Kontrollverfahren genauer über Zielvorstellungen absprechen. Letztlich dient die Kontrolle auch dazu, Fehlerquellen zu vermeiden und Risiken für das Unternehmen zu verringern. Hier liegt eine Erklärung, warum zum Beispiel der Discounter Penny (Rewe-Gruppe) ein wesentlich schlechteres Ergebnis erzielt als ALDI. Die Ladeninventuren dürften um 200 Millionen Euro im Jahr schlechter sein als bei ALDI.

Delegation: Übertragung von Vertrauen und Machtverteilung

Führungskräfte haben bei ALDI einen Teil ihrer Befugnisse, ihrer Macht an ihre Mitarbeiter abgegeben. Machtkonzentration in den Händen einiger weniger wird so vermieden, und viel mehr Mitarbeiter können an der Unternehmensentwicklung maßgeblich, das heißt verantwortlich, beteiligt werden. In einem Unternehmen, das erfolgsorientiert ist, können Vorgesetzte es sich einfach nicht leisten, auf die Beteiligung ihrer Mitarbeiter zu verzichten. Ob die Vorgesetzten ihren Möglichkeiten und Verpflichtungen zur Zusammenarbeit auch nachkommen, das kann bei ALDI im Rahmen der Dienstaufsicht sehr gut festgestellt werden.

Das Mittel zur Übertragung dieser Macht ist die Stellenbeschreibung. Grundsätzlich ist eine gewisse Skepsis gegenüber zu vielen schriftlichen Regelungen und zu detaillierten Stellenbeschreibungen angebracht. Man kann es noch einfacher machen, als ALDI es praktiziert. Aber im Prinzip ist es richtig, über Aufgaben- oder Stellenbeschreibungen die wesentlichen Aufgaben und Entscheidungsbefugnisse klar zu regeln. Das schafft Sicherheit für die wirkliche Anwendung der Delegation. Dabei sollte vieles nicht detailliert, sondern eher im Sinne von generellen Regelungen und zielorientiert formuliert werden.

Auch die Dezentralisation durch Errichtung immer neuer Gesellschaften mit eigenen Zentralen (Lager, Fuhrpark, Verwaltung) bewirkt bei ALDI die Verteilung von Macht. Es gibt nicht die kleinen, schwachen und großen, mächtigen Gesellschaften; alle werden auf ein gleiches Maß »gestutzt«. Dieses System hat zur relativ konfliktfreien Arbeit im Unternehmen beigetragen. Das System funktioniert praktisch reibungslos. Bei ALDI gibt es nicht den in anderen Unternehmen oft zu beobachtenden Streit um Befugnisse, das sogenannte Kompetenzgerangel. Die Dinge sind klar, sie sind vernünftig, und sie werden von den Vorgesetzten kontrolliert. Es wird auch kontrolliert, ob der jeweilige Vorgesetzte seinen Mitarbeiter auch entsprechend der Stellenbeschreibung entscheiden und handeln lässt.

Unternehmen, die ähnlich wie Supermarktketten im Prinzip schon dezentralisiert sind, können ihre Wettbewerbsfähigkeit erhalten und stärken, wenn sie ihren Mitarbeitern vor Ort, die im direkten Kontakt zum Kunden stehen, mehr Kompetenz geben. Oftmals aber fehlt dazu der Mut. Aufgrund sehr unterschiedlicher und umfangreicher Aufgabenstellungen für die Mitarbeiter mit Kundenkontakt in anderen Unternehmen ergeben sich dort sogar mehr gestalterische Möglichkeiten als bei ALDI mit seinen ziemlich festgelegten Verkaufsbedingungen. Die organisatorische Gestaltung in diesen Unternehmen ist für deren Wettbewerbsfähigkeit noch viel entscheidender als bei ALDI.

Das »Harzburger Modell«

Formal und organisatorisch wird die Delegation bei ALDI nach dem Vorbild des »Harzburger Modells« gestaltet. Dieses System der Delegation von Aufgabe, Kompetenz und Verantwortung hat ALDI so wesentlich geprägt, dass es im Einzelnen hier vorgestellt werden soll. Manches mag dabei den Eindruck von übertriebener Ordnung und Bürokratie erwecken, aber für ALDI war es ein sehr passendes System, und die gut durchdachte Anwendung führte auch zu einer schlanken Organisation.

Die Führungsakademie der Wirtschaft in Bad Harzburg unter der Leitung ihres Gründers, Professor Reinhard Höhn, war lange Jahre ein in Deutschland führendes Institut zur Aus- und Weiterbildung von Führungskräften. Die Akademie, aus der renommierte Dozenten hervorgegangen sind, entwickelte ein in sich geschlossenes Führungsmodell, das sogenannte »Harzburger Modell«. Im Zentrum des Modells steht das Prinzip der konsequenten Delegation. Das heißt, dass übereinstimmend drei Dinge zu delegieren sind:

- die Aufgabe,
- die notwendigen Kompetenzen, diese Aufgabe auch wahrnehmen zu können, und
- die Verantwortung für Ausführung und Ergebnis.

Was wird delegiert und warum? Delegiert werden Aufgaben,

- die andere besser erledigen können,
- die andere kostengünstiger erledigen können,
- die den Arbeitsplatz für Mitarbeiter interessanter machen,
- die Verantwortung beinhalten,
- die als Herausforderung und Ausbildungsmöglichkeit für den Mitarbeiter genutzt werden können,
- die den Vorgesetzten entlasten, damit dieser sich auf Kernaufgaben konzentrieren und unnötigen Zeitdruck vermeiden kann.

Darüber hinaus gelten folgende Prinzipien:

- Delegiert wird an den Ort des Geschehens (Kundennähe) und an Mitarbeiter, die mit der Ausführung betraut sind.
- Die Führung beschränkt sich auf Rahmenrichtlinien und Zielvereinbarungen zur Vermeidung von Einzelanweisungen und Einzelaufträgen.
- Die Kontrolle erfolgt durch Stichproben und Ergebnisbewertung.
- Rückdelegation wird nicht akzeptiert.

Führungs- und Handlungsverantwortung

In der Umsetzung des Delegationsmodells werden allerdings leicht Fehler gemacht. Die Funktionsfähigkeit ist nur gegeben, wenn kein Element fehlt. Die Verantwortung wird unterschieden in die Führungsverantwortung, die eine Person gegenüber ihren Mitarbeitern hat, und die Handlungsverantwortung, die sich aus der Erledigung eigener Fachaufgaben ergibt. Aufgabe und Kompetenz werden zusammen mit einer generellen Zielsetzung für die Position in einer Stellenbeschreibung niedergelegt.

Dienstaufsicht und Erfolgskontrolle

Kontrolle dient der Erreichung der Ziele, macht die Unternehmen sicherer und – vielleicht ist es das Wichtigste – sie eröffnet wichtige Kontakte zwischen Vorgesetzten und Mitarbeitern. Die Kontrolle erfolgt in Form der Dienstaufsicht und Erfolgskontrolle. Bei der Dienstaufsicht wird in bestimmten Abständen in bestimmtem Umfang eine Stichprobenkontrolle durchgeführt. Bei ALDI ist das konkret so geregelt, dass jeder Vorgesetzte im Prinzip bei jedem seiner Mitarbeiter im Monat drei Aufgaben oder Themen stichprobenweise prüft. Diese Prüfpunkte sollen gut überlegt sein und daher zu Beginn des Monats schon geplant werden. Damit soll auch vermieden werden, dass Vorgesetzte auf Fehlersuche gehen, indem sie erst bei der eigentlichen Prüfung genau bestimmen, was sie prüfen wollen, und dann nur noch die gefundenen Fehler als Kontrollpunkte beschreiben. Oder man begibt sich einfach auf Fehlersuche nach dem Motto: Wer sucht, der findet.

Bei der jährlichen Erfolgskontrolle dagegen wird die Entwicklung wichtiger Kennzahlen im Vergleich zum Vorjahr oder im Vergleich zu anderen Abteilungen oder ALDI-Gesellschaften beurteilt.

Aufgrund der monatlichen Dienstaufsicht kann es bei den jährlichen Erfolgskontrollen nicht mehr so leicht zu Überraschungen kommen. Höhn unterstrich die Bedeutung der Dienstaufsicht gegenüber der Erfolgskontrolle deshalb auch mit dem Satz: »Erfolgskontrolle ist langfristig angelegt, da kann es schon mal passieren, dass sie nur noch Leichenschau ist.« Wenn alle Unternehmen das Prinzip der Dienstaufsicht angemessen anwendeten, dann würde es nicht so leicht zu solchen Katastrophen kommen, wie etwa der Pleite der Barings Bank in London, die aufgrund der Fehlspekulationen eines leitenden Angestellten in Singapur in eine existenzbedrohende Krise geriet.

Abzulehnen ist ein Kontrollverfahren und vor allem ein bestimmtes Kontrollverhalten, das nicht grundsätzlich auf Vertrauen basiert – Vertrauen darauf, dass der Mitarbeiter seine Aufgabe auch erfüllen kann. Ohne eine solche Vertrauensbasis ist erfolgreiches Arbeiten schwer vorstellbar. Jegliche Kontrolle wird sinnlos, wenn nicht eine Basis des Vertrauens vorhanden ist. Mit voller Verantwortung, wohlüberlegt und mit aller Konsequenz müssen Mitarbeiter für bestimmte Positionen ausgewählt und dann dort mit den dazugehörigen Kompetenzen eingesetzt werden. Keine Zweifel sollten bestehen, ob er die Position wird ausfüllen können. Im Zweifelsfall sollte man ihm diese Stelle nicht geben. Der Mitarbeiter wird in der Regel nur dann gute Leistungen erbringen, wenn er spürt und weiß, dass er das Vertrauen seiner Vorgesetzten genießt.

Kontrolle in diesem Sinn – als Feedbackverfahren und als Dialog zwischen Vorgesetzten und Mitarbeitern – bedeutet dann aber auch, festzustellen, wie gut der Mitarbeiter ist, nicht nur, welche Fehler er macht. Diese Form der Kontrolle soll dem Mitarbeiter, dem Vorgesetzten und dem Unternehmen helfen, gut zu sein. Sie fördert die Zusammenarbeit und zeigt dem Mitarbeiter, was der Vorgesetzte und das Unternehmen als wichtig ansehen. Kontrolle heißt damit nicht zuletzt, Interesse zu zeigen für die Leistung des Mitarbeiters.

Autonomie ist weniger komplex

Wohl unbewusst folgte ALDI mit der Dezentralisierung auch einer der wesentlichen Aufgaben der Organisation: den Umfang von Kommunikation und Koordination so weit wie möglich zu reduzieren. Eine Organisation wird um so leistungsfähiger, je einfacher sie ist. Einfachheit erfordert weniger Managementkapazität, zumindest quantitativ.

Hochentwickelte Gebilde in Wirtschaft, Technik und Gesellschaft zeichnen sich durch vielfältig miteinander vernetzte Wirkungsbeziehungen aus. Sie sind komplex, und komplexe Zusammenhänge müssen organisiert werden, und dies geschieht in der Regel mit hierarchischen Strukturen. Dabei wird die Zahl selbstständiger Einheiten reduziert, Selbststeuerung wird abgelehnt, und ein möglicher Wettbewerb zwischen alternativen Lösungen findet nicht statt. Administrative Regeln müssen eingeführt, ihre Einhaltung kontrolliert werden, und die Pflege dieser Regeln, ihre Aktualisierung und Anpassung an veränderte Gegebenheiten, bindet beachtliche Kapazitäten: zusätzliche Abteilungen, Stabsstellen, Gremien und Fachleute. Der Teufelskreis der Bürokratisierung beginnt und ist selten zu durchbrechen.

Wenn also eine einfache Organisationsgestaltung gelingt, so ist sie intelligenter und effektiver. Die Lösung liegt zum einen in einem sinnvollen Verständnis von Führung, vor allem aber darin, kleine selbstständige Einheiten zu schaffen – zu dezentralisieren. Damit lassen sich auch Führungsprobleme vermeiden, die durch einen ungeeigneten oder weniger geeigneten Vorgesetzten hervorgerufen werden. Die Fehlbesetzung einer verantwortlichen Position im Unternehmen ist niemals zu verhindern, selbstverständlich gibt es auch bei ALDI Probleme mit ungeeigneten Führungskräften. Nur: Die Auswirkungen sind bei kleinen, dezentralisierten Einheiten mit klaren Verantwortungsbereichen sehr viel weniger belastend und betreffen weniger Mitarbeiter als in einer zentralisierten Großorganisation. Der Schaden, den ein einzelner, mächtiger Herrscher dort in der Lage ist anzurichten, kann immens sein.

Auch ein Unternehmen wie ALDI kann nicht ausschließlich mit intelligenten Systemen und Regeln wirken, auch bei ALDI spielen Menschen eine wichtige Rolle, auch hier kommt es immer wieder auf die einzelnen Personen an – wie sollte es auch anders sein. Richtig aber bleibt: Eine schlechte Führung kann durch gute Organisation kompensiert werden.

Vermutlich sind nur konsequent dezentralisierte Unternehmen und Organisationen in unserer komplexen Welt überlebensfähig. Klein statt groß oder, wie bei ALDI, »klein innerhalb groß«. Ameise statt Elefant. Kleine Einheiten sind flexibler und anpassungsfähiger. Mehrere kleine Fehler sind leichter zu verkraften als der eine große Fehler, den die eine mächtige Führungsperson machen kann. Aber auch die Chancen sind größer, dass mehrere kleine Einheiten und deren Führungspersonal gute Ideen und gute Leistungen hervorbringen, als wenn eine Abhängigkeit besteht von einer Person oder einer Institution.

Peter Drucker hat in seinem Werk *Concept of Corporation* die fundamentale Bedeutung der Dezentralisation als Organisationsprinzip gewürdigt. Drucker bezeichnete die Dezentralisation nicht nur als eine Managementtechnik, sondern als den Entwurf einer Gesellschaftsordnung. Das wird deutlich, wenn man sich über die Unternehmen hinaus die Verfassung der Bundesrepublik Deutschland mit ihrer dezentralisierten Bundesländerstruktur oder die Gliederung der Vereinigten Staaten in Bundesstaaten ansieht. Das sind grundlegende Gestaltungen von Gesellschaft, die man sich durchaus noch deutlicher und etwas mehr dezentralisiert vorstellen kann, vor allem in der Europäischen Union. Ein Unternehmen wie ALDI könnte hier Beispiele geben. Entscheidend für den Weg der Dezentralisation oder der Zentralisierung ist, wie sich die Organisationen besser steuern lassen, wenn sie an Größe und Komplexität zunehmen. Abbildung 5 zeigt die Alternativen.

Begleitet wird die Dezentralisation und die Delegation bei ALDI von klaren Zielen und Regeln, verbunden mit einer angemessenen Kontrolle. Besonders deutlich wird das in der immer wieder vorgenommenen Zellteilung der ALDI-Gesellschaften. Sobald eine bestimmte Ladenzahl in einer Region erreicht ist (etwa 60 bis 80 Läden) und die Entfernungen vom Lager zu den Läden sinnvollerweise verkleinert werden sollten (auf maximal 50 Kilometer) oder auch die Lagergröße schon bei beispielsweise 25 000 Quadratmeter liegt, wird eine Abspaltung in Form einer neuen Gesellschaft vorgenommen. Das geschieht mit allen Konsequenzen, bis hin zu einem eigenen Rechnungswesen mit eigener Bilanzerstellung und allen Funktionen wie in der alten Gesellschaft. Der zunehmende Wettbewerb alternativer Lösungen in den täglichen Details hat bei ALDI in der Vergangenheit sehr oft zu absolut sinkenden Kosten in der Summe der dezentralisierten Einheiten geführt. Allein in Deutschland betreiben beide ALDI-Gruppen heute etwa 60 regionale Gesellschaften mit völliger operationaler Selbstständigkeit.

Delegation und Dezentralisation: Voraussetzung für Motivation

Von Unternehmensleitern und Managern wird gegen eine umfassende Delegation und Dezentralisation immer wieder angeführt,

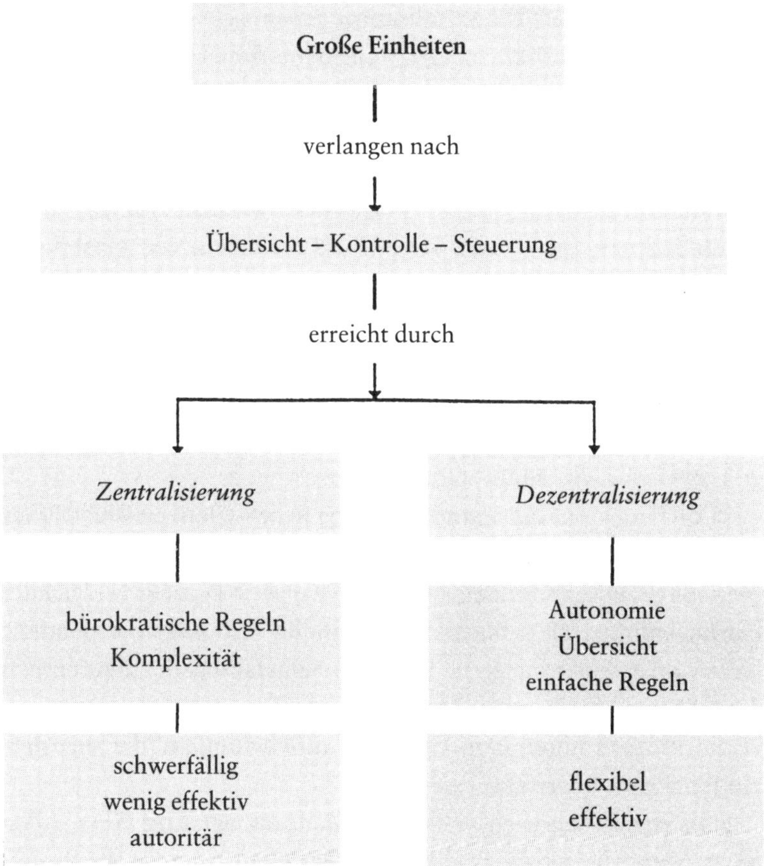

Abbildung 5: Zentralisation und Dezentralisation

dass eine zentrale Lösung an einem Ort die Kontrolle vereinfache oder überhaupt erst möglich mache. Sie meinen, bei konsequenter Dezentralisation fielen Doppelarbeiten und damit doppelte Kosten an. In zwei regional getrennten Einheiten jeweils gleiche Funktionen zu haben, halten viele für ausgeschlossen. Außerdem könne man die Mitarbeiter an einem Ort besser überwachen. Die bei ALDI so weitgehend praktizierte Dezentralisation, sogar der Buchhaltung und Bilanzierung, ist für viele Unternehmen kaum vorstellbar. Kritiker einer konsequenten Dezentralisation geben sich aber einem Trugschluss hin: Wenn an einem Ort in einem bestimmten Zeitraum zehn Millionen Daten anfallen, so sind diese schwerer zu kontrollieren, als wenn an zehn Orten je eine Million Daten anfallen.

Die Praxis zeigt in der Regel, dass Fehler und Problemfelder bei der Dezentralisierung besser eingekreist werden können, allein schon dadurch, dass – zum Beispiel auf die operativen ALDI Nord-Gesellschaften bezogen – es 35 voneinander unabhängige Ergebnisse gibt, die nicht in einem großen undurchsichtigen Massentopf analysiert werden müssen.

Viel Zeit und viel Mut braucht es, bis Unternehmen sich durchringen zu neuen organisatorischen Ufern. Die *FAZ* berichtete am 2.3.1995 über die REWE-Gruppe:

»Der Druck auf die Spannen hat die Rewe-Filialbetriebe stärker getroffen als die selbständigen Rewe-Händler: Während die Filialbetriebe Ergebniseinbußen zwischen 10 und 15 Prozent verzeichnet haben, konnten die selbständigen Händler ihre Betriebsergebnisse halten oder sogar steigern. Da diese Selbständigen offensichtlich schneller und flexibler am Markt reagieren können, wird Rewe nun verstärkt mehr unternehmerische Verantwortung auf die angestellten Filialleiter übertragen…«

Hier wurde begriffen, in welche Richtung der Zug fährt. Allerdings bleibt die schwierige Aufgabe der Umsetzung in die Praxis. Noch vor kurzem hat ein bekannter Handelsmanager zum Thema Delegation die lapidare Feststellung getroffen: »Die Filialleiter können das nicht«. Gemeint war, dass ihnen die begrenzte Freiheit nicht gegeben werden kann, aus der zentralen Artikellistung eines Filialunternehmens auszuwählen. Dem liegt ein bestimmtes Menschenbild zugrunde, das Delegation in Wirklichkeit nicht zulässt und die Zusammenhänge von Motivation, Leistung und Erfolg nicht erkennt. In der Praxis sind antiquierte Vorstellungen über die Motivation von Mitarbeitern und Führungskräften nach wie vor häufig anzutreffen, beispielsweise, dass Mitarbeiter durch Lob und ein ausgeklügeltes Anreizsystem »motiviert« werden müssten. Mit diesen und ähnlichen Vorstellungen hat vor Jahrzehnten schon Frederick Herzberg aufgeräumt, und Reinhard Sprenger hat in seinem Bestseller *Mythos Motivation* die fatalen Folgen solcher Überzeugungen sehr wirksam vielen deutschen Managern bewusst gemacht. Der Schlüssel zum Erfolg ist, den Mitarbeitern Erfolgsmöglichkeiten zu verschaffen. Das geschieht durch Delegation.

Vorteile der Dezentralisation

Die grundsätzlichen Vorteile der Dezentralisation lassen sich wie folgt zusammenfassen: Kleine Einheiten zeichnen sich aus durch

- geringere Komplexität und
- geringeren Kommunikationsbedarf sowie
- bessere Marktkenntnis vor Ort;
- neue Leute können sich unabhängig entwickeln;
- kleine überschaubare Einheiten bergen weniger Konfliktstoff;
- die Verkäuferin kennt den Geschäftsführer;
- ein Gemeinschaftsgefühl entwickelt sich besser in kleinen Einheiten;
- Details werden wichtiger und
- es entwickelt sich eine größere Vielfalt von Ideen;
- in jeder Hinsicht findet mehr Konzentration auf Weniges statt;
- auf überraschende Probleme kann schneller reagiert werden;
- Problemfelder lassen sich besser eingrenzen;
- die einzelnen Unternehmensteile befinden sich im gesunden Wettbewerb untereinander;
- auch die Zusammenarbeit mit dem Betriebsrat kann besser sein.

Die oft von Gewerkschaften und Öffentlichkeit unterstellte Begründung, dass ALDI mit der konsequenten Dezentralisierung und »Zellteilung« nur die Publizitätspflicht umgehen und einen Konzernbetriebsrat verhindern wollte, ist also nicht der Grund – höchstens ein willkommener Zusatznutzen. Die Einschätzung, wie sie folgender Artikel im *manager magazin* 4/84 widerspiegelt, trifft daher auch nicht den Kern:

»Neugründungen von ALDI-Gesellschaften wurden immer dann aufgezogen, wenn bestehende Regionalzentralen durch Umsatzwachstum in die Publizitätspflicht zu geraten drohten. Beispiel Berlin: … zerlegte Theo Albrecht die ALDI GmbH & Co. KG in zwei Gesellschaften – eine ALDI GmbH & Co. Berlin Nord KG und eine ALDI GmbH & Co. Berlin Süd KG. Betriebswirtschaftlichen oder logistischen Sinn machte die Aufspaltung zwar nicht, aber sie half, indiskretes Interesse an den Umsatz- und Ergebniszahlen abzublocken.«

Tatsächlich ging es damals um eine dringend notwendige Vergrößerung des Zentrallagers im Norden von Berlin. Das war aber nicht möglich, weil ein zusätzliches Grundstück nicht zur Verfügung stand. So wurde die bekannte Zellteilung vorgenommen, weil es keine andere Möglichkeit am gleichen Ort gab. Natürlich ergeben sich allein daraus erhebliche logistische Vorteile, gerade in einer verkehrsreichen Großstadt, wenn man vom Norden und vom Süden jeweils bis zur Mitte fahren kann. Aber Außenstehende vermögen die organisatorischen Vorteile einer Zellteilung nicht einzuschätzen. Zwischen beiden Berliner Gesellschaften entbrannte ein sportlicher Wettbewerb um die besseren Ergebnisse und Leistungen, ein Wettbewerb, der nicht von einer Zentrale angewiesen oder irgendwie trickreich initiiert werden musste, sondern sich aus Leistungslust entwickelte. Und das, obwohl man den Berliner Leistungen gegenüber immer ein wenig langmütig war, weil ja bekanntermaßen alle Bedingungen in einer solchen Großstadt viel ungünstiger waren als in anderen westdeutschen Regionen. Aber man konnte feststellen, dass dies zumindest zu einem erheblichen Teil eine Fehleinschätzung der noch vorhandenen Reserven war.

ALDI ist im Prinzip immer ein mittelständisches Unternehmen gewesen und geblieben. Nicht Größe an sich ist entscheidend, sondern die richtige Größe. Nicht Umsatzgröße, sondern Marktstärke ist die Devise.

Die Trennung in Aldi Nord und Aldi Süd: die erste und wichtigste Dezentralisation

Die erste und wichtigste Dezentralisation in der ALDI-Gruppe war vielleicht die entscheidende: Die Aufteilung des Unternehmens auf die beiden Brüder, Karl Albrecht im Süden und Theo Albrecht im Norden, Anfang der 60er Jahre. Vermutlich war dies eine Entscheidung, die den Bestand des Unternehmens und die erfolgreiche Entwicklung erst möglich gemacht hat. Ein Bruderzwist, der das Unternehmen hätte aufreiben können, wurde so auf jeden Fall vermieden.

Durch die Trennung des Unternehmens konnten die Brüder grundsätzlichen strategischen Auseinandersetzungen aus dem Weg gehen. Das führte zum Beispiel dazu, dass im Süden 450 Artikel und im Norden 600 Artikel im Sortiment waren; später begann der Norden mit Kühl- und Tiefkühlprodukten, während der Süden abwartete; der eine hatte gelbe, der andere graue Fußböden in den Läden, der eine war konservativer, der andere experimentierfreudiger. Dabei beeinflussten natürlich auch die jeweiligen unmittelbaren Mitarbeiter der Brüder Albrecht, die Mitglieder des Verwaltungsrates, diese Entscheidungen. Doch Abstimmungen und einheitliche Entscheidungen waren zwischen den Brüdern nicht mehr erforderlich.

Dezentralisation macht es möglich, Methoden, Erfahrungen und Ergebnisse zu vergleichen, und gibt die Freiheit, sich entsprechend dafür oder dagegen zu entscheiden. Den Erfahrungsaustausch haben die beiden ALDI-Gruppen immer gepflegt, und die Trennung hat den Erfahrungsschatz erheblich vergrößert. Es ist dabei weniger eine Frage von richtig oder falsch, von fortschrittlich oder rückständig, vorsichtig oder mutig – es gibt immer mehrere Möglichkeiten. Aber viele Unternehmen vergeuden ihre Kräfte über lange Zeit mit internen Auseinandersetzungen über den richtigen Weg, wobei der Beweis, ob der schließlich gewählte richtig oder falsch war, fast nie angetreten werden kann, weil beide oder mehrere Wege gleichzeitig ja kaum beschritten werden. Ein anderer Aspekt ist ebenfalls nicht zu unterschätzen: Strategische Entscheidungen in einem Unternehmen werden nicht ausschließlich nach sachlichen Gesichtspunkten, durch Logik bestimmt – erfahrungsgemäß spielen dabei auch gänzlich andere Dinge eine Rolle: Intuition, Erfahrung und der »richtige Riecher«.

Geheimnis 10: Reden Sie verständlich!

Alle verstehen die Sprache des Managements

Einer der großen Komplexitätstreiber ist verquaste Sprache, die nicht selten mit vielen *denglischen* Ausdrücken angereichert wird: *Customizing, Category Management, Replenishment, Clienting, Electronic Customer Care* oder *Optimizer.* Roman Herzig meint zu dieser Entwicklung:

»Was nicht zu verstehen ist, kann nicht auf Verständnis hoffen.«

Bei ALDI spricht man die einfache Sprache, die jeder Kassierer, jede Kassiererin und alle im Lager Arbeitenden verstehen. Den Beweis dazu lieferte Karl Albrecht in seiner Rede schon 1953. Diese Rede war systembildend, prägend. Sie ist ein Ausdruck der Kultur, die über Jahrzehnte vertieft wurde.

Doch der Trend in der Wirtschaft scheint ein anderer zu sein. Die Welt ist voll von schlechten Beispielen. Zum Thema Kundenorientierung oder Customer Relationship Management gibt es kabarettreife Formulierungen bis in die Universitäten hinein. Ein Beispiel zeigt dies:

«Ertragswertorientiertes Management der Kundenzufriedenheit ist notwendig wegen der Kräfte der Globalisierung und des technischen Fortschritts. Das Rationalisierungs- und Produktivitätsverbesserungspotential wird in der Kundenergebnisrechnung sichtbar. Das Kundenergebnis ist letztlich die Differenz zwischen Aufwendungen und Nettoerlösen aus dem Leistungsaustausch bei Berücksichtigung der kundenindividuellen Beziehungs- und Dialogprozesse und weist den gegenwärtigen Ertragswert der Kundenbeziehung aus. Das ertragswertorientierte Kundenzufriedenheits-Management fokussiert sich auf den bewerteten zukünftigen, das heißt potentiellen Ertragswert der Kundenbeziehung unter Berücksichtigung der zielgerichteten und systematischen Gestaltung des kundenspezifischen Beziehungs- und Dialogprozesses auf Basis des Ziel-Kundenzufriedenheitsgrades, der wiederum aus den Erkenntnissen der Kundenzufriedenheitsanalyse abgeleitet wird.«[13]

Was viele Menschen als Quatsch empfinden, ist meistens auch Quatsch!

Manche drücken eine unverständliche Komplexität in deutschen Worten aus, wenn sie über prozessgesteuerte Wertkettenanalysen reden oder etwa von abnehmenden Zuwachstendenzen. Manchem Manager könnte der Rat von Kurt Tucholsky vielleicht helfen: »Wat jestrichen is, kann nich durchfalln.«

Klare, informative Sprache auch in der Werbung

Mit einem Werbeaufwand von 0,3 Prozent vom Umsatz zeigt ALDI einmal mehr seine konsequente Sparsamkeit. Zwar sind das pro Jahr auch einige Millionen Euro für Werbung in Deutschland, aber die Mitbewerber geben bei gleichem Umsatz gut das Zwei- bis Dreifache davon aus.

ALDI-Werbung war immer Kunden-Information: Information über Preise und Qualitäten, über unterschiedliche Packungsinhalte gegenüber dem Wettbewerb. Entgegen der üblichen Praxis hat ALDI niemals einen Slogan gehabt. Er wurde einfach nicht gebraucht und hätte einer Politik der Vernunft, einer Politik des Sacharguments eigentlich nur widersprechen können. Der Stil von Markenartikelwerbung oder Zigarettenwerbung wurde nicht übernommen, auch die bunten Luftballons und Ähnliches gab es nie. Wie alles andere war auch ALDIs Werbung asketisch. Die Werbung für das Paradewaschmittel »Tandil« unterschied sich fundamental von der Werbung für »Dash«. Auch eine Werbeagentur hat ALDI nie beschäftigt, lediglich eine Agentur für die Wahrnehmung der Zeitungsprovisionen brauchte man. Anzeigen und Flugblätter entstehen sozusagen »hand made«, aus erster Hand, mit der Originalidee und ohne mühsames Briefing von Werbeagenturen abgefasst. Ein Verwaltungsratsmitglied zeigte sich früher besonders aktiv bei der inhaltlichen und konzeptionellen Gestaltung von Anzeigen und Flugblättern.

Die Werbeaussagen von ALDI haben immer den Kern des Unternehmenskonzeptes geschildert. Kunden haben das offensichtlich verstanden, Mitbewerber haben gedacht, das seien wenig ernst zu nehmende Sprüche wie ihre eigenen. Beworben wurden immer möglichst viele Artikel mit ihren Preisen – früher bis zu 200 in einem Flugblatt.

Hier einige Beispiele für typische Werbeaussagen von ALDI in Zeitungsanzeigen und Flugblättern. Sie appellieren in einfacher und verständlicher Sprache an den vernünftigen, aufgeklärten Verbraucher und stehen im auffälligen Gegensatz zur üblichen Werbung der Konkurrenten, die sich auf Sonderangebote mit schönen Abbildungen konzentriert. Inzwischen hat sich die Werbeaussage von ALDI allerdings etwas verändert und zugunsten der Hinweise auf aktuelle Non-Food-Aktionen verschoben.

Werbebotschaften aus ALDI-Flugblättern

- »Leere Versprechungen zahlen sich nicht aus. Damit lassen sich keine Dauerkunden gewinnen. Stammkunde wird nur, wer überzeugt ist. Und das nach jedem Einkauf aufs Neue.«
- »Preiswürdigkeit wird bei uns unter Beweis gestellt; unsere Preisinformationen enthalten zum Teil über 200 Einzelpreise.«

- »Unsere Qualitätsgarantie macht jeden Einkauf risikolos. Der bloße Hinweis: ›gefällt mir nicht‹ genügt. Wir nehmen die Ware zurück und erstatten den Preis.«

- »Probieren Sie … Unser Qualitätsversprechen machen wir durch zahlreiche Proben in unseren ALDI-Märkten kontrollierbar … Mit dieser Probe wollen wir Ihnen die Möglichkeit geben, die Qualität unserer Artikel selbst zu beurteilen – ohne jede Kaufbeeinflussung. Am Probiertisch wird der Artikel daher nicht verkauft.«

- »Vergleichen Sie … Unsere Preisinformationen sind so gestaltet, dass sie nicht nur eine Hilfe für den Preisvergleich sind, sondern auch die Mengenprüfung erleichtern. Mit einem Punkt und der Mengenangabe vor der Artikelbezeichnung weisen wir darauf hin, dass diese Artikel vielfach auch in anderen Mengen angeboten werden. Optisch sind diese Unterschiede oft nur schwer oder gar nicht wahrzunehmen. Besser ist daher, bei diesen Artikeln nicht auf den Preis allein, sondern auch auf die Mengenangabe zu schauen.«

Grundgedanke der Werbung ist, dass Preisübersichten mit 200 Artikeln einfach Vertrauen schaffen, auch wenn diese selbstverständlich nicht alle vom Kunden registriert werden können.

Geheimnis 11: Trotz Erfolg: Bleiben Sie sparsam und bescheiden!

Bescheidenheit geht bei ALDI einher mit Sparsamkeit und extremem Kostenbewusstsein. Dies findet sowohl in konkreten Handlungsanweisungen seinen Ausdruck als auch im kontinuierlichen Bemühen, unnötige Kosten auf allen Ebenen zu vermeiden. So gibt es etwa die von Theo Albrecht vorgelebte Übung, bereits beschriebenes Papier auch noch auf der Rückseite zu beschreiben und das Licht auszuschalten, wenn es draußen hell genug ist. Auch durch eine ständige Optimierung der Lampenkonstruktion und der Lux-Zahlen in den Läden wurde Strom gespart.

Sparsam wirtschaften, Verschwendung vermeiden, extremes Kostenbewusstsein

Das Prinzip der Sparsamkeit gilt nicht nur für die tägliche Praxis in den ALDI-Läden, sondern auch für andere Bereiche. Es gab Versuche mit sogenannten Bandag-Reifen, bei denen das Reifenprofil nachgeschnitten wird, um die Lebensdauer der unternehmenseigenen Lkws zu erhöhen und einen Neukauf so lange wie möglich zu vermeiden, sowie mit Nasenkegeln an der Lkw-Front, um den Benzinverbrauch durch geringeren Luftwiderstand zu verringern. Bei der Entwicklung neuer Techniken der Lagerführung und des Warentransports ist Sparsamkeit ebenso oberstes Gebot: ALDI entwickelte ein System, das es ermöglichte, in den Zentrallagern gleichzeitig drei Paletten von Flurförderfahrzeugen transportieren zu lassen. Gemeinsam mit den Lieferanten wurden Überlegungen angestellt und umgesetzt, um optimale Kartongrößen zu erhalten und sogar auf den normalerweise notwendigen Kartonschnitt zu verzichten. Kooperationen für die Gestaltung des optimalen Kartons nennt man heute in der Branche etwas wissenschaftlicher und bedeutsamer ausgedrückt »Efficient Consumer Response«. Schließlich wird auch Selbstverständliches in Frage gestellt, etwa, ob die Mitgliedschaft im Einzelhandelsverband, die ja ebenfalls mit Kosten verbunden ist, tatsächlich notwendig ist.

Handwerkerfirmen, die in den Läden bestimmte Arbeiten auszuführen hatten, zum Beispiel Elektroreparaturen, müssen über die geleistete Arbeitszeit einen Stundenzettel auf ALDI-Formular erstellen. Dieser Zettel wird vom Filialleiter abgezeichnet und später zur Rechnungskontrolle herangezogen. Ein einfaches Mittel gegen ein allseits bekanntes Übel, das sicherlich auch in anderen Unternehmen genutzt wird.

Dies sind nur einige Beispiele für ein klar ausgerichtetes Verhalten vieler Mitarbeiter, Führungskräfte und Abteilungen. Jeder Versuch, jede Lösung prägt die Unternehmenskultur – sparsam wirtschaften, Verschwendung vermeiden, extremes Kostenbewusstsein. Das japanische Wort für Verschwendung »muda« kannte bei ALDI noch keiner, als alle schon danach handelten. Bei ALDI bemühte man sich schon immer, die unproduktiven Arbeiten zu unterlassen, denn das meint der Begriff Verschwendung.

ALDI-Läden sind einfach, ja spartanisch ...

Die ALDI-Läden sind einfach, ja spartanisch ausgestattet. Auf ein Telefon wurde verzichtet, weil es nicht unbedingt erforderlich war und man damit erhebliche Kosten vermeiden konnte. Erst nach Installation von Datenkassen wurde das Telefon sinnvoll. Die Pausenräume für das Personal sind mit einfachen Tischen und Stühlen nicht besonders gemütlich eingerichtet. Ein solcher Arbeitsplatz und die – oft zugigen – Arbeitsbedingungen im Laden zählen nicht gerade zu dem, was sich manche Mitarbeiter erträumt haben.

So ist es nur konsequent, dass diese Verhältnisse bei der Ausstattung der Arbeitsplätze in den zentralen Büros und bei der Gestaltung der Arbeitsbedingungen des Managements bedacht werden. Hier werden ebenfalls einfache und zweckmäßige Möbel ausgewählt. Die Firmenwagen haben keine besonderen Ausstattungen und keine Metallic-Lackierungen.

Fast könnte man vergessen, dass es sich um das weitaus bestverdienende Unternehmen der Branche in Deutschland handelt. Wenn man dagegen die Aufwendungen für die Führungskräfte und deren Büros bei den Wettbewerbsunternehmen betrachtet, die einen Bruchteil der ALDI-Gewinne erwirtschaften, so werden kulturelle Unterschiede überdeutlich. Hier liegt eine – wenn nicht die – Erklärung für die großen Unterschiede in den Erfolgsbilanzen.

ALDI glänzte schon immer durch Bescheidenheit, und diese Haltung passt zu dem wichtigsten Unternehmensteil, den Läden. Hier wird das Geschäft gemacht, hier sind die meisten Mitarbeiter tätig. Der Faktor Glaubwürdigkeit ist nicht zu unterschätzen. Darin besteht eine bemerkenswerte Ähnlichkeit mit den Metro Cash & Carry-Betrieben. Bei der Metro kann schon ein Außenstehender Gemeinsamkeiten erkennen: einfach und zweckmäßig ausgestattete Verkaufsräume, spartanisch eingerichtete Büroräume, auch für das Management – der langjährige Metro-Chef, Erwin Conrady, hatte in seinem Düsseldorfer Büro eine noch einfachere Ausstattung als Theo Albrecht, und für seine Mitarbeiter war er immer sichtbar, nur durch Glaswände von ihnen getrennt.

Führungsprinzip Bodenhaftung

Der ehemalige VW-Manager Daniel Goeudevert beklagt in seinem Buch *Wie ein Vogel im Aquarium* Entwicklungen, die Spitzenmanager die Bodenhaftung verlieren und sie selbstgefällig werden lassen. Die Gefahr, dass Spitzenmanager wie auch Politiker ihren Status in der Gesellschaft durch medienwirksame Auftritte zu erhöhen versuchen und dabei den Erfolg des Unternehmens vernachlässigen, ist landläufig bekannt.

Bei ALDI-Führungskräften jedoch ist die Gefahr eines solchen Auftretens gering. Die Albrechts ließen es nie zu, dass sich ihre Manager als »nackte Kaiser« in der Öffentlichkeit zeigten. Sie selbst fungieren in dieser Hinsicht als Vorbilder. Das *Forbes*-Magazin meinte einmal, Theo Albrecht lebe zurückgezogener als der Yeti.

Öffentliche Auftritte der ALDI-Manager in ihrer beruflichen Funktion sind nicht statthaft. Auf keinen Fall erlaubt sind Interviews zu ALDI-Themen, auch nicht, wenn diese dem Unternehmen zweifelsfrei nützen würden oder etwa Werbecharakter hätten. Es entspricht nicht dem Stil des Unternehmens, den die Inhaber selbst mit ihrem Beispiel vorgeben. Begründet wird diese Regel auch mit der Angst, man könnte neugierigen Journalisten zu viel erzählen. Gute Journalisten verfügen über kluge Fragetechniken.

Öffentlichkeitsarbeit als Verschwendung

Bedenken wir einmal, wieviel Zeit manche Führungskräfte damit verbringen, Vorträge zu halten, Interviews zu geben, Artikel zu schreiben, an Podiumsdiskussionen teilzunehmen. Nützt das ihren Unternehmen? In der Regel muss die Antwort lauten: nein. Für Banker, Unternehmensberater, Rechtsanwälte mag das anders sein; denn ihre Kunden bilden das Forum. Aber im Einzelhandel? Das eigentliche Forum, der Kunde, ist bei diesen Aktivitäten nie angesprochen. Was hier oft passiert, ist schlicht »muda«, Verschwendung, eines der großen Übel in vielen Unternehmen mit anonymen Gesellschaftern. In diesen Unternehmen ist es relativ leicht, das Geld anderer Leute, der unbekannten Inhaber, auszugeben. Dass eine solche Kultur der Askese bei ALDI oft mit unpersönlichem Umgang einhergeht, mögen viele Mitarbeiter bedauern. Große Zusammenkünfte wie Weihnachtsfeiern oder Betriebsfeste sind selten. Das Unpersönliche ist durchaus Teil der ALDI-Kultur.

Immer wieder hat sich die Presse, insbesondere natürlich die Fachpresse, mit dem weitgehend unbekannten »Unternehmen ALDI« beschäftigt. Die Läden waren bekannt, darüber hinaus jedoch kaum etwas über die Personen, die dahinter stehen. Das Unbekannte machte unsicher, das Geheimnisvolle argwöhnisch. Aber die Suche nach dem Besonderen, nach Privatem und Klatschgeschichten blieb ergebnislos. Über die vielen Jahre gab es keine Skandale bei ALDI, keine Intimgeschichten über die Familien im Hintergrund. Lediglich ein sehr natürliches Ereignis – die Vierlinge des Sohnes Berthold – lieferte eine große Schlagzeile in der *Bild*-Zeitung. So gab es auch keinen Grund für eine bestimmte kritische Presse, ein Negativimage aufzubauen. Am ehesten ist ALDI in dieser Hinsicht noch vergleichbar mit C&A Brenninkmeijer, das als Unternehmen durch den geheimnisvollen Familienclan das Interesse der Medien auf sich zog.

Die wohl einzige spektakuläre Geschichte im Zusammenhang mit ALDI war die Entführung von Theo Albrecht. Es war die erste professionell durchgeführte Entführung in Deutschland. Im Dezember 1971 wurde Theo Albrecht von seinem Betriebsgrundstück in Herten/Westfalen entführt. Nach Feierabend wollte er in seinen Wagen steigen und nach Hause fahren. Er fuhr wie immer ohne Chauffeur. Dabei wurde er gekidnappt und in einer belebten Straße in Düsseldorf gefangen gehalten.

Im Betrieb hieß es die ersten Tage, Theo bliebe mit einem Schnupfen zu Hause. An sich eine einleuchtende Erklärung, aber nicht bei Theo Albrecht. Schnupfen allein war bei ihm schon sehr ungewöhnlich, aber niemand kann sich erinnern, dass er wegen Krankheit jemals im Betrieb gefehlt hätte. Sieben Millionen Mark Lösegeld, von denen bis heute vier Millionen fehlen, brachten nach drei Wochen die Freiheit. Das war damals die höchste jemals in Deutschland gezahlte Lösegeldsumme.

Erfolgreich im Verborgenen

ALDI entwickelte sich unter den Augen »blinder« Mitbewerber, und die Geheimhaltung geht bis heute so weit, dass selbst der Fachpresse die Mitglieder der Geschäftsleitung kaum bekannt sind. Die *Lebensmittel-Zeitung* konnte bis vor einigen Jahren immer noch nicht zwischen Essen und Mülheim, den Zentralen des Nord- beziehungsweise Südimperiums unterscheiden. Heute ist zwar vieles über ALDI bekannt, aber in den 70er und 80er Jahren, einer Zeit bedeutenden Wachstums, gab es noch so viele Fehleinschätzungen, dass ALDI davon nur profitieren konnte. Nachahmer wurden von der Fachpresse oft auf falsche Fährten geleitet.

Auf dem AIDA-Kongress in Genf 1976 hielt Bernt Lietke von der *Lebensmittel-Zeitung* einen Vortrag über das »Albrecht-Konzept«. Manches war richtig, vieles war falsch. Falsch waren die Aussagen: »Wenn Albrecht im Preis unterboten wird, dann wird der Artikel aus dem Sortiment genommen.« – »Es wird Wert darauf gelegt, wenige Lieferanten zu haben.« – »Es werden langfristige Abschlüsse getätigt.« – »Das Ziel niedriger Mieten stimmt nicht mehr, sondern es werden beste Lagen gesucht.« – »Albrecht hat Schwierigkeiten mit einem langsameren Wachstum und Marktanteilsverlusten bei einigen Artikelgruppen.« Das beruhigte die Konkurrenz und nutzte ALDI. Das Unternehmen konnte in fast beschaulicher Art weiterwachsen. Und das hat wesentlich mit der Bescheidenheit zu tun, nicht zu viel und vor allem nicht in der Öffentlichkeit über die fast sagenhaften Erfolge zu reden.

Ein weiterer Erfolg dieser Diskretion war, dass sich die Nachahmer kaum an dem von ALDI Praktizierten orientieren konnten; sie machten vieles anders und wollten es eigentlich besser machen. Das Resultat war aber immer schlechter, also weniger erfolgreich, weniger wirtschaftlich. Erst heute – nach vielen Fehlversuchen – hat einer der großen Nachahmer und Mitbewerber, die Firma Lidl, fast alles exakt kopiert, worin sich ALDI äußerlich auszeichnet. Selbst Fußbodenfliesen und längere Kundenschlangen an den Kassen sind »ALDI-like«. Nur in der Sortimentspolitik hat Lidl noch Nachholbedarf: Sortimentspolitik muss im Wesen begriffen werden, da reicht es nicht, einfach die optischen Aspekte eines Ladens zu kopieren. Da gibt es Geheimnisse hinter den Kulissen und einen unbeugsamen Willen zur Konsequenz. Hier ist die unsichtbare Kultur wirksam.

Im Umgang mit der Öffentlichkeit, insbesondere mit der Fachpresse, lautet die Devise: Was wir tun, tun wir für unsere Kunden. Dafür brauchen wir nicht die Presse, die von neugierigen Mitbewerbern gelesen wird. Was wir dort sagen würden, kann allenfalls der Konkurrenz nutzen. Auch hier spielt asketisches Verhalten eine Rolle: Wirklich nur das tun, was zum Erreichen der Unternehmensziele wichtig ist. Was bleibt, ist der Stolz darauf, vorzügliche Leistungen bei interessanter Tätigkeit zu erbringen. Hierin liegt die eigentliche Motivation. Im Stillen, ohne Ablenkung kann man viel wirkungsvoller sein. Der einzigartige Erfolg und der strenge Verzicht auf Publizität sind die beiden Quellen, aus denen der »Mythos ALDI« entstand.

Askese als Grundprinzip

Nach Gandhi ist »Askese die höchste aller Künste«, und »ein wahrer Asket übt seine Kunst nicht nur aus, er lebt sie«. Nach Schopenhauer sind sogar »alle möglichen Zukunftsprobleme mittels Askese zu bewältigen«. Bei ihm bekam sie gar den Rang eines »Allheilmittels«. Nun ist das möglicherweise übertrieben. Aber dieser Punkt gehört an die erste Stelle der Tugenden: Die Askese im Sinne des Verzichtens ist das wichtigste Wesensmerkmal von ALDI, und Theo Albrecht sagte einmal: »Der Mensch lebt mehr von dem, was er nicht isst.« Eine Übersicht über den Verzicht bei ALDI gibt die folgende Checkliste des Verzichtens.

Zum Verzicht von ALDI gehört auch, nicht jeden letzten Cent erwirtschaften zu wollen zu Lasten der Kunden. Ein Leserbrief in der *Wirtschaftswoche* vom 12.12.2002 belegt den Blick für das Wesentliche und die Leichtigkeit zum Verzicht: »Neuer Rasierapparat. Vor circa einem Jahr kaufte ich bei Aldi einen Elektrorasierer der Marke Remington. Jetzt brach ein Plastikteil ab, sodass die Benutzung des Langhaarschneiders unmöglich ist. Mit der Bitte um Reparatur sendete ich den Rasierer an die Firma Medion in Mühlheim, die den technischen Service realisiert. Nach einer Woche erhielt ich ohne jegliche Berechnung einen funkelnagelneuen Rasierer. Ein erstklassiger Service, der weit über das hinausgeht, was man erwarten kann.«

Die Checkliste des Verzichtens

1. Keine Stabsstellen, die der Unternehmensführung alle Denkarbeit abnehmen
2. Keine Controllingabteilung, die zeigt, wo der Weg hingeht
3. Keine externe Marktforschung
4. Keine Arbeit mit Unternehmensberatern
5. Keine Jahresplanungen
6. Keine wissenschaftlich ausgerichteten Statistiken, die alles zeigen
7. Keine wissenschaftlichen Analysetechniken für alle Fragen der Martktbearbeitung
8. Keine Kundenbefragungen
9. Kein ISO 9000 oder TQM
10. Kein ausgefeiltes Konditionensystem, um Lieferanten auszuquetschen
11. Keine differenzierte Preispolitik nach Absatzgebieten oder Ladentypen
12. Keine differenzierten Sortimente
13. Keine komplizierten Kalkulationsmethoden zur Preisermittlung
14. Keine Spielereien mit Qualitäten, um Gewinne zu optimieren
15. Keine hochkomplexe Technik in der Logistik
16. Keine Warenplatzierung in den Läden nach verkaufspsychologischen Überlegungen
17. Kein Luxus in Geschäftsräumen und Firmenautos
18. Keine öffentlichen Auftritte
19. Keine Öffentlichkeitsarbeit
20. Keine Annahme von Geschenken von Lieferanten
21. Keine Einladungen von Lieferanten zum Essen

Abbildung 6: Checkliste des Verzichtens

Vom Billigladen zum Kultobjekt

Günter Ogger, der in seinem Buch *König Kunde. Angeschmiert und abserviert* kritisch mit dem Einzelhandel ins Gericht geht, wirft ALDI und anderen fragwürdige Einkaufsmethoden vor und moniert, dass die Verbraucher mit der Wahl der billigsten Anbieter eine negative Auslese bei den Einzelhändlern träfen. Kommerziell hält Ogger die deutschen Einzelhandelskonzerne für erfolgreich in Europa, aber die Discounter aus Deutschland eroberten die Nachbarländer »wie die Pest«.

Es fällt schwer, Unternehmen wie ALDI als »unanständig« anzusehen, nur weil sie kommerziell erfolgreich sind. Außerdem verlange der böse Discounter vom Kunden den totalen Verzicht auf alles, was den Einkauf angenehm mache. Offenbar aber kaufen die Kunden doch gern beim ALDI; sie haben doch die Freiheit überall hinzugehen, wenn es ihnen nicht gefiele. Beklagt wird auch, dass die Waren »lieblos« in die Regale gestapelt würden. In welchen Läden wird das denn mit Liebe getan? Vielleicht gibt es andere und angemessenere Orte, um Liebe zu finden?

Die Praxis, das sind die Äußerungen von Kunden, zeigt ganz andere Einschätzungen – so eine Kundin in der *LZ-Verbraucherrunde*: »ALDI hat fast so was Puritanisches, irgendwie ehrlicher als diese großartig aufgemachten Supermärkte.« Das Image des Unternehmens wird immer wieder mit den gleichen Worten beschrieben: »einfach«, »ehrlich«, »günstig«.

Es kommt heute sogar vor, dass junge Leute »ALDI-Partys« feiern: Partys, die einfach unter das Motto »ALDI« gestellt werden. Jeder Gast muss für die gemeinschaftliche Beköstigung Artikel von ALDI mitbringen und sich dazu noch irgendwie auf ALDI bezogen kleiden. Auch T-Shirts mit einem ALDI-ähnlichen Logo gibt es mittlerweile zu kaufen, und neben dem ALDI-Kochbuch für Erwachsene, *ALDIdente*, ist ein ALDI-Kochbuch für Kinder erschienen: *ALDI Piccoli* von Paula B. Spielhof und Karin Augenthaler. Dieses Buch ist entstanden in Zusammenarbeit mit einem Verein, der sich »Erster Deutscher ALDI-Fan-Club« nennt. Der Fan-Club, heißt es, »bekennt sich zum Discounter ALDI und arbeitet so für eine bessere, ehrlichere und genussreichere Zukunft«.

Der Mythos

Die *Süddeutsche Zeitung* beschreibt die unsichtbare ALDI-Kultur und die Spekulationen um den »Mythos ALDI« treffend knapp: »ALDI ist per se weder kultisch noch mythisch noch sonst wie geheimnisvoll. Was den Laden so erscheinen lässt, ist wahrscheinlich nur die Nüchternheit des darin obwaltenden Geschäftsprinzips: eine gewissermaßen steinzeitliche Direktheit und Kargheit, die in den Zeiten des kundenfängerischen Firlefanzes in der Tat so etwas wie ein Zauber auszustrahlen geeignet sein könnte.«[14] Mit diesen einfachen Gedanken kommt Klarheit in die Erfolgsgeschichte von ALDI. Für alle, die den Zusammenhang von der Klarheit der Ziele und von Verzicht auf das Überflüssige verstanden haben, erschließt sich die Welt der Einfachheit, der Weg zum Wesentlichen. ALDI ist ein Lehrstück für viele Branchen und für viele Unternehmen.

Anmerkungen

1 Wörtlich wiedergegebener Fachvortrag, *Lebensmittel-Zeitung*, 4.9.1975
2 Hans-Otto Eglau, in *Die Zeit*, 3.7.1970
3 *Lebensmittel-Zeitung*, 4.2.1983
4 *Blick durch die Wirtschaft*, 28.2.1997
5 *Lebensmittel-Zeitung*, 25.10.2002
6 Dieter Wäscher, in *Blick durch die Wirtschaft*, 29.11.1996
7 *Lebensmittel-Zeitung*, 12.11.1992
8 Rolf Berth, *Erfolg. Überlegenheitsmanagement. 12 Mind-Profit-Strategien*, München o.J.
9 Peter Drucker, *Managing for Results,* New York 1964
10 *Lebensmittel-Zeitung*, 11.11.1994
11 *Focus* 18/1997
12 *Lebensmittel-Zeitung*, 22.8.1997
13 Dieter Wäscher, in *Blick durch die Wirtschaft*, 29.11.1996
14 *Süddeutsche Zeitung*, 27.2.1999

Literatur

Adams, Scott: *Das Dilbert Prinzip. Die endgültige Wahrheit über Chefs, Konferenzen, Manager und andere Martyrien*, Landsberg 1997

Augenthaler, Karin, Paula B. Spielhof: *ALDI Piccoli. Das erste ALDI-Kinder-Kochbuch*, Zürich 1997

Berth, Rolf: *Erfolg. Überlegenheitsmanagement. 12 Mind-Profit-Strategien*, München o. J.

Binnig, Gerd: *Aus dem Nichts. Über die Kreativität von Natur und Mensch*, München 1997

Brandes, Dieter: *Einfach managen, Klarheit und Verzicht – der Weg zum Wesentlichen,* Frankfurt/Wien 2002

Brooks Jr., Frederick P.: *The Mythical Man Month. Essays on Software Engineering*, Reading (MA) 1985

Clifford, Don, Richard E. Cavanagh: *The Winning Performance*, New York 1985

Dietz, Karl-Martin, Thomas Kracht: *Dialogische Führung. Grundlagen – Praxis – Fallbeispiel: dm-drogerie markt*, Frankfurt/New York 2002

Doppler, Klaus, Christoph Lauterburg: *Change Management. Den Unternehmenswandel gestalten*, Frankfurt/New York, 10. Auflage 2002

Drucker, Peter: *Managing for Results*, New York 1964

Eglau, Hans Otto: *Die Kasse muß stimmen*, München 1972

Fisher, Roger, Bruce Patton, William L. Ury: *Das Harvard-Konzept. Sachgerecht verhandeln – erfolgreich verhandeln*, Frankfurt/New York, 21. Auflage 2002

Gesellschaft für Konsumforschung: *ALDI-Studien*, 1995

Goeudevert, Daniel: *Wie ein Vogel im Aquarium. Aus dem Leben eines Managers*, Berlin 1996

Hamel, Gary, C. K. Prahalad: *Wettlauf um die Zukunft. Wie Sie mit bahnbrechenden Strategien die Kontrolle über Ihre Branche gewinnen und die Märkte von morgen schaffen*, Wien 1995

Jones, Daniel T., Daniel Roos, James P. Womack: *Die zweite Revolution in der Autoindustrie. Konsequenzen aus der weltweiten Studie des Massachusetts Institute of Technology*, 8. Auflage, Frankfurt/New York 1994

Kamprad, Ingvar, Bertil Torekull: *Das Geheimnis von Ikea*, Hamburg 1998

Küstenmacher, Tiki, Lothar W. Seiwert: *simplify your life. Einfacher und glücklicher leben*, Frankfurt/New York, 9. Auflage 2002

Luhmann, Niklas: *Vertrauen. Ein Mechanismus der Reduktion sozialer Komplexität*, 3. Auflage, Stuttgart 1989

Ogger, Günter: *König Kunde. Angeschmiert und abserviert*, München 1996

Paprotta, Astrid, Regina Schneider: *ALDIdente – 30 Tage preiswert schlemmen. Ein Discounter wird erforscht*, Frankfurt a. M. 1996

Peters, Tom, Robert Waterman: *In Search of Excellence. Lessons from America's Best-Run Companies*; deutsch: *Auf der Suche nach Spitzenleistungen. Was man von den bestgeführten US-Unternehmen lernen kann*, Landsberg 1993

Pümpin, Cuno: *Management strategischer Erfolgspositionen*, Bern/Stuttgart 1992

Shapiro, Eileen C.: *Trendsurfen in der Chefetage. Unternehmensführung jenseits der Management-Moden*, Frankfurt/New York, 17. Auflage 1996

Sprenger, Reinhard K.: *Mythos Motivation. Wege aus einer Sackgasse*, Frankfurt/New York, 17. Auflage 2002

Townsend, Robert: *Further up the Organisation*, New York u.a. 1984